Emilia Romagna

Von Caterina Mesina und Nikolaus Groß

W0089906

EIN
ADAC
BUCH

Inhalt

*In bester Gesellschaft – die Piazza Grande,
das weltliche und religiöse Zentrum des
mittelalterlichen Modena, ist noch heute ein
beliebter Treffpunkt*

Jetzt fehlen eigentlich nur noch ein guter Wein und ein Stückchen Parmesankäse – Mosaik in San Vitale, Ravenna

Die Stunde der Entscheidung naht – Fresken des ›Jüngsten Gerichts‹ in San Prospero in Reggio Emilia

Inhalt

Bilderbuchstädtchen – Santarcangelo di Romagna gehört zu den schönsten mittelalterlichen Orten der Emilia Romagna

Buntes Badevergnügen – farbenfrohe Liegen und Sonnenschirme am Strand von Rimini

Dies und Das

Vom Parmigiano Reggiano darf es bestimmt auch ein bisschen mehr sein

Emilia Romagna aktuell
A bis Z

Wer alle Arkadengänge von Bologna ablaufen will, ist bis zum Abend unterwegs

Sprachführer

Emilia Romagna –
Badespaß und Kulturgenuss

Ein kleines, scheinbar friedliches Dorf in der fruchtbaren Weite der Po-Ebene. Nur zwei Streithähne, der eine im Talar, der andere mit Bürgermeisterschärpe, stören dieses Idyll: Don Camillo und Peppone.

Feiner goldgelber Sand, geprüft sauberes Wasser mit Badewannentemperatur und endlose Reihen von sonnenschirmbekrönten Liegestühlen zwischen Cesenatico und Cattolica. Abends chauffieren knallbunte Nachtbusse lebenshungrige Nachtfalter in schrillem Outfit von einer In-Diskothek zur anderen.

Erst allmählich gewöhnen sich die Augen ans Halbdunkel des Innenraums. Glitzernd tauchen die ersten bunten Steinchen auf, formen sich zu Bildern und verdichten sich schließlich zu einer großartigen Mosaikkomposition. In der Basilika San Vitale in Ravenna lässt sich das byzantinische Kaiserpaar Justinian und Theodora als Stellvertreter Christi auf Erden feiern.

Als Sohn eines Musik liebenden Händlers in Roncole geboren, komponierte Giuseppe Verdi mit dem Gefangenenchor aus der Oper ›Nabucco‹ die geheime Nationalhymne Italiens. Sein Name wird zum Synonym für die Nationalstaatsbewegung.

Sie ersparten sich nichts. Am Ende eines zähen Ringens unterlag der Deutsche: Drei Tage lang harrte der Salierkönig Heinrich IV. im Büßergewand vor der Burg Canossa aus. Schließlich ließ sich Papst Gregor VII. erweichen und löste ihn vom Kirchenbann.

Sein Vater baute Teile für Lokomotiven. Er liebte es schneller. Für seinen rasenden, roten Mythos baute Enzo Ferrari in Imola eine weltberühmte Rennstrecke.

»Ha il prosciutto sugli occhi« (Er hat Schinken auf den Augen), sagt man, wenn jemand den Wald vor lauter Bäumen nicht sieht. Wen wundert es, hier reift der König unter den Schinken: der Prosciutto di Parma.

All das sind nur einige wenige Gesichter der Emilia Romagna.

Gesichter einer Landschaft

Die natürlichen Grenzen der Emilia Romagna bilden der mächtige Po mit seinen endlosen Reihen silbrig glänzender Pappeln, der grüne, bis zu 2200 m hohe Apennin und die Adria, die Badewanne Europas. Die **Po-Ebene** mit ihren weitläufigen Obstbaumkulturen und Gemüse-

Oben: *Im Zentrum des Geschehens – die Piazza del Popolo ist der beliebteste Treffpunkt der Ravennaten*

Rechts: *Einsame Strände Fehlanzeige. Wer Urlaub an der Adria macht, hier Riccione, sucht das Bad in der Menge*

Rechts oben: *Obwohl die Lichter für das byzantinische Reich längst ausgegangen sind, erstrahlt San Vitale in Ravenna noch heute in altem Glanz*

pflanzungen gilt als eine der fruchtbarsten Landstriche Italiens. Den Schwerpunkt der Landwirtschaft bildet die Milch- und Viehwirtschaft. Der *Parmigiano Reggiano*, ein weltberühmter Hartkäse, hat hier ebenso seine Heimat wie der *Prosciutto di Parma*, die *Mortadella*, der *Culatello* und andere Wurst- und Schinkenspezialitäten. Doch nicht überall hat die intensive Landwirtschaft Einzug gehalten. Die Rückbesinnung auf die Natur führte seit den 80er-Jahren des 20. Jh. zur Einrichtung zahlreicher **Naturschutzgebiete**: Während man im Parco Nazionale delle Foreste Casentinesi an der Grenze zur Toskana stundenlang herrlich durch dichte Wälder streifen kann, warten in **Vena del Gesso** Karsthöhlensysteme, die zu den weitläufigsten in Europa zählen, darauf, erforscht zu werden. Ein besonderes Erlebnis bietet der Besuch im Naturschutzgebiet des Po-Deltas. In den ausgedehnten Sumpfgebieten und Wäldern bei Comacchio lassen sich zahlreiche Vogelarten beobachten, während bei Cervia eine alte Saline noch auf traditionelle Weise Salz produziert.

Reize enthüllen sie erst auf den zweiten Blick. In gut erhaltenen historischen Zentren überraschen sie trotz der teils verheerenden Zerstörungen im Zweiten Weltkrieg mit einzigartigen Kunst- und Architekturschätzen. In der quicklebendigen Metropole Bologna mit ihren endlos scheinenden Arkadengängen zeugen die weite Piazza Maggiore und die angrenzende Piazza Nettuno sowie die himmelstürmenden Geschlechtertürme von mittelalterlicher Stadtkultur. Von der UNESCO wurden das Stadtbild von **Ferrara**, der Domplatz von **Modena** und die frühchristlichen Bauwerke und Mosaike von **Ravenna** gar zum Weltkulturerbe erklärt. Im Hinterland erzählen verwunschene Bergdörfer und alte Abteien von der Mühsal, das Land zu verteidigen, von der Blüte mittelalterlicher Klosterkultur und von der Zeit, als Kaiser, Priester und Pilger noch auf der *Via Francigena* nach Rom zogen.

Mitten durch diese abwechslungsreiche Landschaft ziehen sich, wie auf einer Perlenkette aufgereiht, die Stadtgründungen der Römer längs der **Via Emilia**, von Piacenza bis Rimini. Hier liegen auch das byzantinische Kleinod Ravenna, die Renaissance-Residenz Ferrara und die heutige Hauptstadt der Emilia Romagna, Bologna. Viele dieser ehemaligen Zentren von Kleinstaaten haben sich inzwischen zu blühenden Wirtschaftsstandorten entwickelt, mit all ihren Schattenseiten wie gesichtslosen Neubauvierteln oder tristen Industriegebieten. Ihre eigentlichen

Links oben: *Schatztruhe mittelalterlicher Bildhauerkunst – die Vorhalle des Doms von Ferrara besticht durch ihren reichen Skulpturenschmuck*

Links Mitte: *Wolkenkratzer – der Campanile der frühmittelalterlichen Basilika Sant'Apollinare in Classe ragt hoch auf*

Links unten: *Auf Wolken schweben – im Dom von Parma schuf Correggio wahrhaft himmlische Fresken der Himmelfahrt Mariens*

Oben: *Gruppenbild mit Herrscher – frühchristliches Mosaik des byzantinischen Kaisers Justinian in San Vitale in Ravenna*

Unten: *Bewegender Bilderreigen – die Fassade von San Petronio in Bologna beeindruckt durch Reliefplatten mit Darstellungen aus dem Alten und Neuen Testament*

Die **Adriaküste** mit ihrem 130 km langen Sandstrand, dem längsten Europas, bildet eine Welt für sich. Bereits 1843 wurde hier die erste Badeanstalt eröffnet. Fast mythisch ist der Klang von Orten wie Cesenatico, Rimini, Riccione oder Cattolica. Trotz Massentourismus gelang es Ende der 90er-Jahre des 20. Jh., wieder höchste Wasserqualität zu garantieren. Eine perfekte Infrastruktur sorgt für sportliche Abwechslung und abendliches Vergnügen.

Zwei Seiten einer Region

Die Doppelregion Emilia Romagna ist erst in der Nachkriegszeit entstanden. Ihre historischen und kulturellen Wurzeln reichen jedoch bis weit in die Vorgeschichte. Entscheidend für die Entwicklung der Region war der Bau der Via Emilia unter dem römischen *Konsul Aemilius Lepidus*. Entlang dieser Militär- und Handelsstraße entstanden Streckenposten und Kolonien, die, zu Städten angewachsen, in der Kaiserzeit mit marmornen Prunkbauten glänzten. In den Wirren der Völkerwanderungszeit übernahm **Ravenna** als Hauptstadt Westroms das Erbe der Antike und wurde mit den umliegenden Gebieten zur ›Romania‹. Den erzählerischen Stil ihrer **Mosaikkunst** des 5. Jh. ersetzte unter den

byzantinischen Exarchen die stilisierte Kunst des oströmischen Reiches. Funkelnde Traumwelten voll orientalischer Prachtentfaltung schimmern noch heute im Halbdunkel der ravennatischen Kirchen. In den ›dunklen‹ Zeiten des Hochmittelalters entwickelten sich die **Abteien** von Pomposa, Bobbio und Nonantola zu Drehscheiben des Kultur- und Geisteslebens. Die **Romanik** feierte im Kirchenbau Triumphe. Höhepunkte sind die eindringlichen alttestamentarischen Reliefbilder von *Wiligelmus* an der Domfassade von Modena oder die großen allegorischen Monatsfiguren des Bildhauers *Benedetto Antelami* in Parma.

   In der **Renaissance** entfaltete sich eine prunkvolle Hofkultur. Berühmtheit erlangte der Hof der Este in **Ferrara**, an dem bedeutende Künstler und Literaten verkehrten. In **Rimini** betraute Sigismon-

do Malatesta den Baumeister und Architekturtheoretiker *Leon Battista Alberti* mit dem Bau einer monumentalen Grablege für sich und seine Familie. Aber auch kleinere Adelsgeschlechter taten sich als Kunstmäzene hervor, wie die unbeschwert-heiteren Fresken von *Correg-*

Oben: *Obenauf – von den mittelalterlichen Stadtrepubliken konnte sich einzig San Marino seine Unabhängigkeit bewahren*

Unten: *Schlemmen nach Herzenslust – die Emilia Romagna ist berühmt für ihre ausgezeichnete Küche*

Rechts oben: *Vorhang auf für Italiens einziges ›schwimmendes Museum‹ in Cesenatico*

Rechts Mitte: *Wie viele Kaffeekannen passen wohl in einen Topolino? Das Keramikmuseum in Faenza zeigt nicht nur traditionelle Töpferkunst*

gio und *Parmigianino* in und um Parma eindrucksvoll zeigen.

Im Laufe des 16. Jh. fielen nach und nach alle Gebiete der Romagna und weite Teile der Emilia an den **Kirchenstaat**. Nur das für den Papstsohn Pier Luigi Farnese neu geschaffene Herzogtum Parma und Piacenza konnte sich bis zum *Risorgimento* im 19. Jh. halten. Während in den meisten Städten die künstlerische Entwicklung stagnierte, schmückten die Farnese und später Marie Louise von Österreich, die Gattin Napoleons, die neue Residenzstadt **Parma** mit Prachtbauten und reichen Kunstsammlungen.

Nach der Einigung Italiens erlebte die Region einen rasanten wirtschaftlichen Aufschwung. In den Statistiken zur italienischen Lebensqualität nehmen die Städte der Emilia Romagna seit Jahren die ersten Plätze ein. Der **Tourismus** beschränkt sich weitgehend auf die Adriaküste. Gerade darin liegt aber auch ein Reiz dieser Orte und Landschaften, denen dadurch, dass sie bislang von Besu-

cherscharen verschont geblieben sind, nichts Museales anhaftet. Romanische Dome, mittelalterliche Burgen und mosaikglänzende Kirchen gewähren uns einen Blick in längst vergangene Jahrhunderte. Die blühende Wirtschaft und die lebendige **Kulturszene** holen uns zurück in die Gegenwart. In der Region mit der höchsten Theaterdichte Italiens bewegen sich klassisches und experimentelles Theater auf höchstem Niveau. Der Belcanto eines Luciano Pavarotti ist in der Heimat Verdis ebenso vertreten wie das Treffen der Straßenmusikanten in Ferrara. Die ›Seele‹ der Emilia Romagna aber wird man wohl am ehesten bei einem der zahlreichen Feste erleben, die nicht selten mit einem ausgiebigen Mahl zelebriert werden – es sei denn, man »ha prosciutto sugli occhi«.

Der Reiseführer

Dieser Band stellt die **Emilia Romagna** in fünf Kapiteln vor, ein weiteres ist dem Zwergstaat **San Marino** gewidmet. Die Autoren beschreiben die Städte, Strände und Landschaften der Region, ausgehend von der Hauptstadt Bologna. **Übersichtskarten** und **Stadtpläne** erleichtern die Orientierung. Die **Top Tipps** bieten Empfehlungen zu Hotels, Restaurants, Stränden, Aussichtspunkten etc. Den Besichtigungspunkten sind **Praktische Hinweise** mit Touristenbüros sowie Hotel- und Restaurantadressen angegliedert. Der **Aktuelle Teil** bietet alphabetisch geordnet Nützliches von Informationen vor Reiseantritt über Essen und Trinken bis zu Verkehrsmitteln. Hinzu kommt ein umfassender **Sprachführer**. **Kurzessays** runden den Reiseführer ab.

Geschichte, Kunst, Kultur im Überblick

900 v. Chr. Mit der Einwanderung von Indogermanen beginnt das ›eiserne Zeitalter‹ in Italien. Diese Kultur wird nach dem bedeutendsten Fundort bei Bologna Villanova genannt.

800 v. Chr. Aus ihrem Kernland dringen Etrusker bis zur Po-Ebene vor. Gründung der Städte Felsina, des späteren Bologna, und Marzabotto. Spina wird bedeutendes Handelszentrum und Hafenstadt.

um 400 – 387 v. Chr. Keltisch-gallische Bojer wandern nach Oberitalien ein. Die Schweinezucht wird eingeführt, die prägend für Landwirtschaft und Küche der Emilia bleiben sollte. Niedergang des Etruskerreiches.

ab 268 v. Chr. Die Römer dehnen ihren Machtbereich auf Oberitalien aus: Gründung von Ariminium (Rimini) 268 v. Chr., Placentia (Piacenza) 218 v. Chr. und Bononia (Bologna) 189 v. Chr.

220 v. Chr. Die in Rom beginnende Via Flaminia wird bis Rimini ausgebaut.

187 v. Chr. Konsul Marcus Aemilius Lepidus ordnet den Bau der nach ihm benannten Via Emilia an. Land und Städte werden nach einem Raster rechtwinklig sich schneidender Straßen angelegt.

um 183 v. Chr. Gründung der Städte Forum Livii (Forlì), Mutina (Modena) und Parma.

49 v. Chr. Caesar, Statthalter der Provinz Gallia Cisalpina, überschreitet den Rubikon und marschiert gegen Pompeius nach Rom.

27 v. Chr. – 14 n. Chr. Unter Kaiser Augustus erlebt die Region eine Epoche des Friedens und des kulturellen Aufschwungs. Die ehemalige Provinz Gallia Cisalpina wird in *Aemilia* umbenannt. Die Städte erstrahlen in marmornen Prunkbauten. Bau des Kriegshafens Portus Classis bei Ravenna zur Verteidigung der Adria und der Handelswege in den Nahen Osten.

395 Teilung des Römischen Reiches in Westrom mit der Hauptstadt Mailand und Ostrom mit der am Bosporus gelegenen Hauptstadt Konstantinopel.

402 Der weströmische Kaiser Honorius verlegt seinen Hof zum Schutz vor den einfallenden Goten von Mailand nach Ravenna. Als Kapitale des Weströmischen Reiches übernimmt die Stadt das Erbe Roms und wird mit dem umliegenden Gebiet zur ›Romania‹. Unter Kaiser Honorius und seiner Halbschwester Galla Placidia erlebt Ravenna seine erste große kulturelle Blüte. Die Kirchenbauten schmücken prachtvolle frühchristliche Mosaikzyklen.

476 Der Germanenführer Odoaker setzt den letzten weströmischen Kaiser Romulus Augustulus ab und errichtet die erste germanische Herrschaft in Italien.

493 Nach dem Sieg von Theoderich d. Gr. über Odoaker wird Ravenna Hauptstadt des Ostgotenreiches. Es entstehen prächtige Paläste und arianische Kirchen, die mit großartigen Mosaiken ausgeschmückt werden.

ab 527 Nach dem Tod Theoderichs und langjährigen Kämpfen gegen seine Nachfolger gliedert Kaiser Justinian Ravenna in das Oströmische Reich ein. Ausbau der Stadt zur ebenbürtigen Dependance von Konstantinopel.

Ostgotenkönig Theoderich machte Ravenna zur Hauptstadt seines Reiches

Unter Kaiser Justinian, hier seine Darstellung in Sant'Apollinare Nuovo, blühte in Ravenna die Mosaikkunst

568 Langobarden marschieren in Oberitalien ein und erobern die später nach ihnen benannte Lombardei sowie weite Teile des Umlands. Parma wird Sitz des langobardischen Herzogtums.

7. Jh. Der Übertritt des langobardischen Königshauses zum katholischen Glauben begünstigt die Gründung von Klöstern wie Bobbio, Pomposa und Nonantola.

751 Nach der Eroberung von Ravenna und der Vertreibung der Byzantiner bedrohen die Langobarden päpstliches Territorium. Der Papst ruft die Franken zu Hilfe.

756 Nach dem Sieg der Franken über die Langobarden überträgt der fränkische König Pippin das gesamte Exarchat dem Papst und erhält im Gegenzug den erblichen Titel eines kaiserlichen ›Patricius‹ (Schutzherr von Rom). Die ›Pippinische Schenkung‹ bildet die Grundlage für die Entstehung des Kirchenstaates um Rom und Ravenna. Die Nachfolger Pippins sind jedoch nicht bereit, die Oberherrschaft des Papstes in diesen Gebieten anzuerkennen.

885 Ein Dokument erwähnt erstmals das Kloster von San Marino und bestätigt seine Unabhängigkeit von der Kirche und den umliegenden Bistümern.

962 Mit der Kaiserkrönung Otto I. durch den Papst wird das Kaisertum mit dem fränkisch-deutschen Königtum verbunden. Durch eine geschickte Heiratspolitik wird Otto zum Herrn über Mittel- und Oberitalien. Faktisch aber herrschen lokale Potentaten und Erzbischöfe. Besonders einflussreich sind die Markgrafen von Canossa.

um 990 –1050 Der Benediktinermönch Guido d'Arezzo entwickelt in Pomposa das Sechstonsystem, Grundlage der heutigen Notenschrift.

1077 Auf dem Höhepunkt des Investiturstreites begibt sich Salierkönig Heinrich IV. auf die Festung Canossa, um im Büßergewand von Papst Gregor VII. die Lösung vom Kirchenbann zu erbitten.

1088 In Bologna wird die erste Universität Europas gegründet.

12. Jh. Blütezeit der Stadtrepubliken in Oberitalien, die sich im Bau stattlicher Kommunalpaläste niederschlägt. Gründung des Ersten Lombardischen Städtebundes gegen die kaiserlichen Rechtsansprüche Friedrichs I. Barbarossa. – Der romanische Stil verbreitet sich in der gesamten Emilia Romagna. Bau monumentaler Kathedralen. Erstmals treten individuelle Künstlerpersönlichkeiten aus dem Schatten anonymer Werkstätten wie der Baumeister Lanfranco und der Bildhauer Wiligelmus in Modena.

Ende 12. Jh. Der Bildhauer und Baumeister Benedetto Antelami, Schöpfer der ersten italienischen Freifigur der Romanik, wirkt an den Domen von Parma und Fidenza.

Der Gang nach Canossa – nach dreitägiger Buße löste Papst Gregor König Heinrich IV. vom Kirchenbann

Stadt der 1000 Türme – die äußerst imposante Silhouette des von einer mächtigen Stadtmauer umgebenen Parma vor den Ausläufern des Apennin

1249 Sieg des Zweiten Lombardischen Städtebundes in der Schlacht von Fossalta bei Modena. Enzo, der Sohn von Kaiser Friedrich II., wird gefangen genommen.

ab 1250 Interne Parteienkämpfe verschiedener Familien und externe Machtansprüche führen zum Verlust der kommunalen Unabhängigkeit und zur Bildung von erblichen Signorien. In Ferrara, Modena und Reggio herrschen die Este, in Rimini die Malatesta, in Faenza die Manfredi, in Forlì die Ordelaffi und in Carpi die Pio.

Anfang 14. Jh. In Rimini bildet sich eine Malerschule heraus, die in der Nachfolge Giottos steht. Sie zeichnet sich durch einen sehr erzählerischen und expressiven Stil aus.

15. Jh. Der Hof der Este in Ferrara avanciert zu einem blühenden Zentrum der Kunst, Literatur und Musik. Es entwickelt sich die Malerschule von Ferrara mit ihrem ungewöhnlich expressiven und bisweilen bizarren Malstil. Unter Ercole I. wird die Stadt ab 1492 im Stil der Renaissance schachbrettartig erweitert.

1475 – 1507 Cesare Borgia, der Sohn von Papst Alexander V., versucht als Herzog der Romagna ein Königreich zu bilden. Sturz der Malatesta in Rimini und der Sforza in Forlì.

ab 1494 Oberitalien wird zum Hauptkriegsschauplatz im Konflikt zwischen Habsburg und Frankreich.

1545 Der Farnese-Papst Paul III. gründet das Herzogtum Parma-Piacenza und überträgt es seinem Sohn Pier Luigi Farnese.

1559 Im französisch-spanischen Frieden von Cateau-Cambrésis werden Bologna und die Romagna dem Kirchenstaat zugeschlagen, die Farnese erhalten Parma und Piacenza und die Este Ferrara, Modena, Reggio und Carpi. San Marino bleibt unabhängige Republik.

Ende 16. Jh. Unter der Carracci-Familie wird Bologna neben Neapel und Genua zur führenden Malermetropole.

1598 Nach dem Tod von Alfonso II. Este geht Ferrara als heimgefallenes Lehen an den Kirchenstaat zurück. Ein Nebenzweig der Este herrscht weiterhin in Modena, Reggio und Carpi.

1732 Nach dem Aussterben der Farnese fällt das Herzogtum Parma-Piacenza zunächst an die spanischen Bourbonen, dann an Österreich.

1791 Giambattista Bodoni gründet in Parma eine Druckerei. Als Schrifttypen benutzt er die von ihm erfundenen und später nach ihm benannten Bodoni-Lettern.

1796 / 97 Napoleons Truppen fallen in Norditalien ein. In Reggio kommt es zur Gründung der ›Cispadanischen Republik‹, der zunächst die freien Städte Bologna, Ferrara, Modena und Reggio angehören. Erstmals wird die grün-weiß-rote Trikolore gehisst, die später die Fahne des geeinten Italien werden sollte. Kurze Zeit später schließt sich auch die Romagna an.

1815 Der Wiener Kongress beschließt die Wiederherstellung des Kirchenstaates. Das Herzogtum Parma-Piacenza fällt an Österreich.

1843 In Rimini eröffnet die erste Badeanstalt.

1847 Mit der Entdeckung der heilkräftigen Quellen von Salsomaggiore nimmt der Thermalbadtourismus seinen Anfang.

1861 Italien wird Königreich, Vittorio Emanuele II. von Piemont erster konstitutioneller Monarch.

1870 Rom wird Hauptstadt des vereinigten Italiens.

1872 Beginn der Trockenlegung der Sumpflandschaft um Ferrara.

1877 Pietro Barilla gründet in Parma die gleichnamige Nudelfabrik.

1896 In Imola stellen Sozialisten erstmals in Italien eine Stadtregierung.

Die beliebtesten Streithähne der italienischen Filmgeschichte – Don Camillo und Peppone

1901 Der aus Roncole bei Busseto stammende Giuseppe Verdi (geb. 1813) stirbt in Mailand.

1922 Der in Predappio geborene Benito Mussolini übernimmt die Staatsgewalt in Italien.

1929 Enzo Ferrari gründet in Modena ein Automobilwerk.

1940 Eintritt Italiens in den Zweiten Weltkrieg.

1943 – 45 Partisanen leisten im Apennin erbitterten Widerstand gegen die deutschen Okkupationstruppen. Beim Kampf um die ›Linea Gotica‹ werden zahlreiche Städte bombardiert. In Marzabotto begeht die SS Massaker an Zivilisten.

1946 Italien wird Republik.

1947 Die Region erhält offiziell den Namen Emilia Romagna.

1948 Giovanni Guareschi veröffentlicht den Roman ›Don Camillo e Peppone‹.

1949 Beginn des großen Touristenbooms an der Adriaküste.

1952 Entdeckung der Erdgasvorkommen bei Ravenna.

1964 Der Maler Giorgio Morandi (geb. 1890) stirbt bei Bologna.

1964 / 65 Trockenlegung der Valle di Mezzano bei Comacchio abgeschlossen.

1970 Einteilung des italienischen Staates in 20 Regionen.

1974 Der Regisseur Federico Fellini setzt mit dem Film ›Amarcord‹ seiner Heimatstadt Rimini ein Denkmal.

2. 8. 1980 Bei einem rechtsterroristischen Bombenanschlag auf dem Bahnhof von Bologna sterben 85 Personen.

ab 1989 Forschungsschiffe kontrollieren die Wasserqualität an der Adria.

1995 Schaffung der Provinz Rimini.

1999 Erstmals seit dem Zweiten Weltkrieg gewinnt ein nicht-sozialistischer Bürgermeisterkandidat die Kommunalwahlen in Bologna.

2001 Viva Verdi! – Zum hundertsten Todestag des Opernkomponisten überbieten sich die Theater der Region mit Aufführungen und Konzerten.

2003 Parma feiert den 500. Geburtstag des Malers Parmigianinos (1503 – 1540) mit einer Ausstellung und Kulturevents.

Rund um Bologna – mittelalterliche Stadtkultur und schnelle rote Flitzer

Ob im Schatten der ›Schiefen Türme‹, im Anatomischen Hörsaal der alten Universität oder entlang der hohen Laubengänge, in **Bologna** atmet man mittelalterliche Lebenskultur. Dazwischen prunken Adelspaläste und Kirchen mit Fresken und Gemälden, während sich im Messeviertel die Moderne feiert. Und wenn am Abend Arkaden und Fassaden in ein sanftes Licht getaucht werden, locken unzählige Osterie mit heimischen Weinen und vielerlei Köstlichkeiten. Zu gastronomischen Höhenflügen lädt auch das benachbarte **Imola** ein, wo rote Boliden im Autodromo Ferrari ihre schnellen Runden drehen. Bei einem Streifzug durch die Altstadt faszinieren die mittelalterlichen Wehrgänge der Rocca mit weiten Ausblicken. Die nahe gelegene Kleinstadt **Dozza** überrascht mit bunt bemalten Wänden und Mauern, die alle zwei Jahre im September bei der *Biennale del Muro Dipinto* von Künstlern aus aller Welt erneuert werden. Das seltene Beispiel einer etruskischen Stadtgründung wartet in **Marzabotto** in der bergigen Landschaft des Apennin.

1 Bologna

Plan Seite 20/21

»Dann begaben wir uns nach Bologna, einem Ort, wie es auf der Welt wohl kaum einen freieren und schöneren gibt.«
Petrarca

Bologna (380 000 Einw.) ist eine Metropole mit vielen Namen und noch mehr Gesichtern: **La Dotta**, die Gelehrte, nennt man sie, weil hier seit über 900 Jahren studiert wird, **La Grassa**, die Fette, wegen der lukullischen Höhenflüge ihrer Osterie und **La Rossa**, die Rote, wegen der weichen Rottöne ihrer Dächer und Fassaden, aber auch wegen einer linken Regierung, die von der Nachkriegszeit bis Juni 1999 erfolgreich die Geschicke der Stadt lenkte. Doch Bologna ist mehr. In einer der größten und besterhaltenen Altstädte Europas gilt es eine Fülle an Monumenten und Kunstschätzen zu entdecken. Nicht zufällig wurde Bologna zur *Europäischen Kulturhauptstadt* des Jahres 2000 ernannt.

Geschichte Auf den Überresten einer Villanova-Siedlung aus der frühen Eisenzeit gründeten im 6. Jh. v. Chr. die **Etrusker** den Ort *Felsina*. Seinen heutigen Namen verdankt Bologna den Bojern. Dieser gallisch-keltische Stamm hatte die Stadt um 350 v. Chr. erobert und in *Boion* umbenannt. Im Zweiten Punischen Krieg kämpfte sie erfolglos an der Seite Hannibals gegen die Römer und wurde 189 v. Chr. dem Imperium Romanum einverleibt. Nur wenige Jahre später, mit dem Bau der Militär- und Handelsstraße **Via Emilia**, entwickelte sich die nun *Bononia* genannte römische Kolonie zu einem wichtigen Verkehrsknotenpunkt in der Po-Ebene. Nach dem Untergang des Weströmischen Reiches 476 lösten sich in rascher Folge Goten, Byzantiner und Langobarden in der Herrschaft über Bologna ab.

Während des Investiturstreites (1076 – 1122) gelang es Bologna, seine Autonomie zu stärken. Als der Staufer *Friedrich I. Barbarossa* die kaiserlichen Rechte in Oberitalien wieder herzustellen suchte, setzte sich die Kommune als Mitglied des **Lombardischen Städtebundes** erfolgreich zur Wehr. Den Höhepunkt ihrer politischen und militärischen Macht erreichte sie knapp 100 Jahre später, als 1249 in der siegreichen *Schlacht von Fossalta* bei Modena der sardische König Enzo, Sohn des Stauferkaisers Friedrich II., gefangen genommen wer-

Vorhergehende Doppelseite: *Grandioser Auftritt eines der schönsten Kirchenbauten der Emilia Romagna, der Cattedrale San Giorgio in Ferrara*

Neptun, der Herrscher über das Wasser, hat sich auch das Land untertan gemacht – Fontana del Nettuno auf dem gleichnamigen Platz in Bologna

den konnte. Dank der bereits 1088 gegründeten **Universität** entwickelte sie sich gleichzeitig zu einem der führenden geistigen Zentren in Europa. Ende des 13. Jh. zählte die Ansiedlung mit 50 000 Einwohnern, darunter 10 000 Studenten, zu den zehn größten Städten Europas.

Um Wohnraum zu gewinnen, wurden Hauseigentümer per Edikt zur Erweiterung der oberen Stockwerke verpflichtet. So entstanden die berühmten Bogengänge, die *Portici*, welche die darüber liegenden Etagen stützen. Eine Baumaßnahme, die bis heute das Aussehen Bolognas prägt, denn auf fast 40 km Länge durchziehen die Arkaden das historische Zentrum. Blickfang aber waren die rund 80 **Wohn-** und **Geschlechtertürme**. Viele von ihnen fielen den blutigen Parteienkämpfen rivalisierender Bologneser Adelsfamilien zum Opfer, andere modernen Straßenerweiterungen. Heute zählt man gerade noch zwölf dieser Türme.

Ab dem 13. Jh. wurde Bologna abwechselnd von päpstlichen Legaten, auswärtigen Tyrannen oder einheimischen Familien wie den Lambertazzi, Pepoli oder Bentivoglio regiert. Von 1506 bis

1859 war die Stadt, abgesehen von einem kurzen Zwischenspiel unter Napoleon (1797–1815), Teil des **Kirchenstaates**. Ihre politische Vorrangstellung verlor sie zwar, doch avancierte sie mit der *Bologneser Malerschule*, der Künstler wie Annibale Carracci, Guido Reni und Guercino angehörten, neben Neapel und Genua zur führenden Kunstmetropole. Nach der Einigung Italiens entwickelte sich Bologna zu einem Zentrum der sozialistischen Bewegung. Während des Zweiten Weltkriegs stark zerstört, begann in der Nachkriegszeit der Wiederaufbau mit

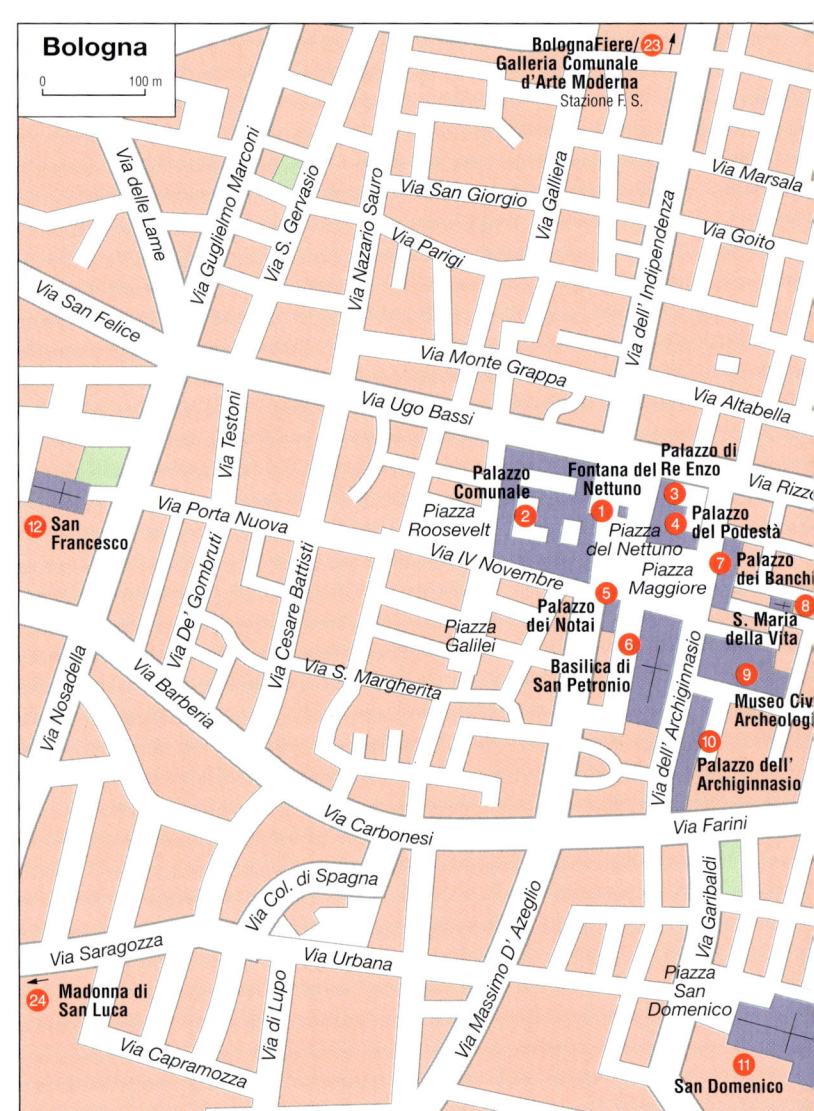

einer vorbildlichen **Altstadtsanierung**. 1970 wurde Bologna Regierungs- und Verwaltungssitz der bereits 1947 zusammengelegten Region Emilia Romagna.

Heute ist sie bedeutendes **Handels- und Wirtschaftszentrum**. Neben Mailand gilt sie als die wichtigste Messestadt. Schwerpunkt aber bleibt die Bildung, und tatsächlich sind etwa ein Viertel der Einwohner Studenten (ca. 100 000).

Der Stolz der Kommune

Idealer Ausgangspunkt für eine Besichtigung der Altstadt von Bologna ist die etwa 1 km südlich des Bahnhofs gelegene autofreie **Piazza del Nettuno**. Der schmale Platz wird dominiert von der 1564–66 von Giovanni da Bologna, gen. *Giambologna*, geschaffenen **Fontana del Nettuno** ❶. Zu Füßen der kraftstrotzenden Bronzestatue des Wassergottes Neptun scharen sich Nymphen und Putti. ›Il Gigante‹ nennen ihn die Bologneser ehrfürchtig. Mit seinem ausgestreckten Arm scheint er dem tosenden Meer Einhalt zu gebieten. Er ist eine passende Symbolgestalt vor den Fenstern des **Palazzo Comunale** ❷, des Rathauses der

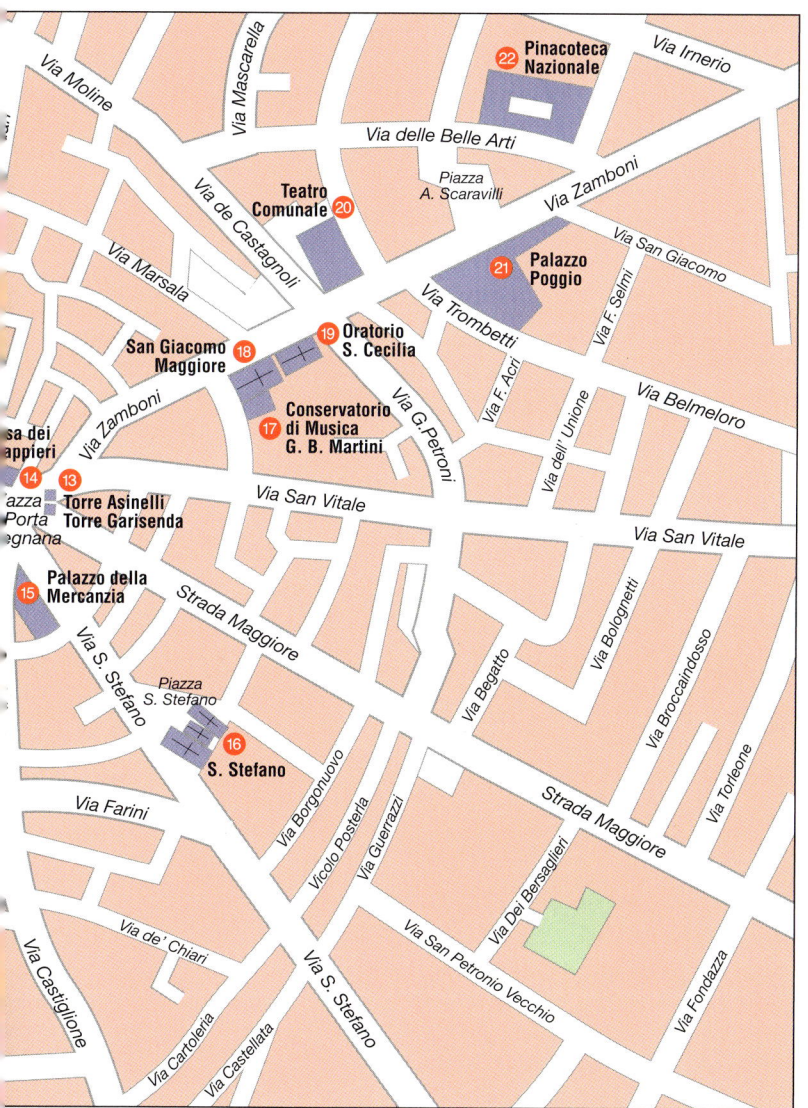

Stadt. Der festungsartige Bau mit den spitzbogigen gotischen Lauben ging aus dem Palast der *Familie Accursio* hervor, die ihn 1287 an die Gemeinde verkaufte. 1336 schließlich zog der Ältestenrat hier ein. Nach einem Brand Anfang des 15. Jh. wurde der rechte Gebäudeflügel im Stil der Renaissance neu errichtet. Die gewaltige *Bronzestatue Gregors XIII.* über dem Portal erinnert an den Bologneser Papst (1572–85), der als Erneuerer des nach ihm benannten ›Gregorianischen Kalenders‹ in die Geschichte einging. Links von der Statue befindet sich ein Terrakottarelief einer Madonna von Niccolò dell'Arca, eine der schönsten Arbeiten dieses bedeutenden Bildhauers des 15. Jh. Ein gewaltiger Aufgang, über den auch Pferde und Karossen in den 1. Stock gelangten, führt in das Innere des Palastes.

Die Räume im 2. Stock beherbergen heute die **Collezioni Comunali d'Arte** (Di – So 10 – 18.30 Uhr), die Städtischen Kunstsammlungen, mit Werken der *Malerschule von Bologna* vom 14. bis zum 19. Jh.

TOP TIPP Ebenfalls im Palazzo Comunale untergebracht ist das **Museo Giorgio Morandi** (Di – So/Fei 10 – 18 Uhr), das in zwölf Sälen Gemälde, Aquarelle und Zeichnungen des heimischen Malers Morandi (1890 – 1964) sowie eine

In Bologna hat man stets vollen Durchblick – auf fast 40 km Länge durchziehen Arkadengänge die Stadt

Nachbildung seines Ateliers in der Via Fondazza zeigt. Von ihm sagte Umberto Eco einmal, er habe mit seinen erdfarbenen Stillleben und Landschaftsbildern den Staub zum Singen gebracht.

Gegenüber erhebt sich der 1244 – 46 erbaute zinnengekrönte **Palazzo di Re Enzo ❸**, der nach dem Sohn des Stauferkaisers Friedrich II. benannt wurde: Enzo lebte hier nach seiner Gefangennahme bei Modena mehr als 20 Jahre, von 1249 bis zu seinem Tode 1272. Eine milde Haft, ließ sie dem blond gelockten Jüngling doch genügend Zeit, herzzerreißende Gedichte zu schreiben und zum legendären Stammvater manch späteren Adelsgeschlechts zu werden. Der Palazzo di Re Enzo bildet einen einheitlichen Komplex mit dem angrenzenden **Palazzo del Podestà ❹**. Vom Ursprungsbau aus dem 13. Jh. blieb nach mehreren Umbauten allerdings nur die trutzige *Torre dell'Arengo* (1212) erhalten. Die hohen Arkadengänge des Palastes wurden 1485 im Stil der Renaissance umgestaltet. Der Gebäudekomplex beherbergt heute ein modernes Ausstellungs- und Kongresszentrum.

Oben: *Vogelperspektive – von der 97 m hohen Torre Asinelli genießt man den schönsten Blick auf Stadt und Umland*

Unten: *Ins rechte Licht gerückt – die nächtliche Beleuchtung lässt die Paläste an der Piazza del Nettuno besonders majestätisch erscheinen*

Grandiose Raumwirkung – das Innere von San Petronio, der größten Bologneser Kirche, beeindruckt vor allem durch seine gewaltigen Dimensionen

An der benachbarten **Piazza Maggiore** schlägt das Herz der Stadt. Hier hatten einst die wichtigsten Ämter ihren Sitz, und hier wurde bis ins 19. Jh. hinein Markt gehalten. »Ci vediamo in piazza« sagen die Bologneser noch heute, wenn sie sich auf der Piazza Maggiore verabreden. Neben dem gotischen **Palazzo dei Notai** ⑤ (1381 – 1437), dem einstigen Zunftgebäude und Amtssitz der Notare, erhebt sich die dem Stadtpatron geweihte **Basilica di San Petronio** ⑥, die größ-

Hier werden Alpträume wahr – surreal anmutende Höllendarstellung (Anfang 15. Jh.) in der Cappella Bolognini in San Petronio

te Kirche Bolognas. Mit dem 1390 begonnenen, allerdings nie vollendeten Bau wollte die selbstbewusste, durch Fernhandel reich gewordene Kommune die Dombauten von Florenz und Mailand in den Schatten stellen. Der ursprüngliche Plan des Baumeisters *Antonio di Vincenzo* sah bei einer Länge von 180 m und einer Querschiffbreite von 140 m vor. Doch auch in Bologna waren die Geldquellen nicht unerschöpflich, sodass man die Pläne für das gewaltige Querhaus schließlich verwarf. Auch die Fassade blieb unvollendet, und das dreischiffige Langhaus mit einer Länge von 130 m und einer Breite von 60 m wurde erst Ende des 17. Jh. fertig gestellt.

Blickfang der nur im unteren Bereich vollendeten rot-weißen Marmorfassade – den Wappenfarben Bolognas – ist die **Porta Magna**, die zu den herausragenden Kunstwerken der Frührenaissance zählt. Die überaus prächtigen Reliefplatten des Hauptportals zeigen Szenen aus dem Alten und Neuen Testament, die der Sieneser *Jacopo della Quercia* in seinen letzten Lebensjahren (1425 – 38) schuf. Mit der kraftvollen, figürlichen Gestaltung der ›Erschaffung Adams‹ und der ›Vertreibung aus dem Paradies‹ sprengte der Bildhauer die Fesseln der gotischen Kunst. Der **Innenraum** von San Petronio empfängt den Besucher wohlproportioniert und nüchtern im gotischen Stil. Zehn mächtige, rötliche Pfeiler teilen ihn in drei Schiffe. Durch hohe Arkaden gleitet der Blick in die überreich mit Fresken und Gemälden ausgestatteten Seitenkapellen. Besondere Beachtung verdient die **Cappella Bolognini** im linken Seitenschiff. *Giovanni da Modena*, ein Vertreter der Internationalen Gotik, schuf die erzählfreudigen Fresken, Szenen aus dem Leben des hl. Petronius sowie Darstellungen der Hölle und des Paradieses, Anfang des 15. Jh. Das *Dommuseum* am Ende des linken Seitenschiffes dokumentiert anhand von Plänen und Modellen die Entstehungsgeschichte des Gotteshauses.

Auf der linken Seite der Piazza Maggiore erhebt sich der 1565 von Giacomo Barozzi da Vignola erbaute **Palazzo dei Banchi** ❼. Seine hohen Laubengänge sollten das dahinter liegende Gassengewirr verdecken. Zwei Bögen führen in

Antikes Schönheitsideal – die römische Testa Pelagi aus dem Museo Civico Archeologio entstand nach einem griechischen Original

Wiedergeburt der Kunst – mit seinen Reliefs von San Petronio läutete Jacopo della Quercia die Frührenaissance ein

die Via Pescherie Vecchie und die Via Clavature, den Bauch von Bologna. In den verwinkelten Gassen liegen noch heute kleine Handwerksläden, Lebensmittel- und Delikatessgeschäfte. In der Via Drapperie 1 lässt *Tamburini* mit seinem unglaublichen Angebot an Nudeln, Wurst und Käse Gourmetherzen höher schlagen. Und in der Via Ranocchi 1d lockt die älteste Osteria Bolognas, die *Osteria del Sole*, mit gutem Wein. Trotz aller irdischen Verlockungen sollte man einen Besuch der Kirche **S. Maria della Vita** ❽ in der Via Clavature 10 einplanen. Der kleine elliptische Zentralbau birgt die ›Beweinung Christi‹, eine bewegende Terrakottagruppe von *Niccolò dell'Arca* (1463). Die sieben lebensgroßen Tonfiguren sind mit äußerster Dramatik gestaltet. Nur schwerlich kann man sich der von Leid und Schmerz verzerrten Gesichter entziehen. ›Ein Schrei aus Stein‹ nannte man sie treffend.

Von hier sind es nur wenige Schritte zurück zur Piazza Maggiore. Südöstlich des weiten Platzes befindet sich das etwas verstaubte **Museo Civico Archeologico** ❾ (Di–Sa 9–18.30, So/Fei 10–18.30 Uhr), das einen Einblick in die Anfänge Bolognas gewährt. Neben Funden der Villanova-Kultur sind auch etruskische, griechische und römische Bronzen und Keramiken ausgestellt. Bemerkenswert ist die Büste *Testa Palagi*, eine augusteische Kopie der verlorenen Athena Lemnia des Phidias.

An das Museum schließt sich in südlicher Richtung der **Palazzo dell'Archiginnasio**  an, der bis 1803 Sitz der Universität war. Der lang gestreckte Palast mit den *Portici* wurde im 16. Jh. von Papst Pius IV. in Auftrag gegeben, um die bis dahin verstreut liegenden Institute in einem Gebäude zu vereinen. Heute beherbergt der Bau die Städtische Bibliothek mit einer kostbaren Sammlung von Handschriften, Stichen und Karten.

Im 1. Stock befindet sich das holzverkleidete **Teatro Anatomico** (Mo–Fr 9–18.30, Sa 9–13 Uhr), der Vorlesungssaal der Anatomischen Fakultät, in dem die Medizinstudenten vergangener Jahrhunderte über die Beschaffenheit des menschlichen Körpers unterrichtet wurden – selbstverständlich durfte dies nur in Gegenwart eines Vertreters der Kirche geschehen. Nach den schweren Bombenschäden von 1944 baute man den Saal originalgetreu wieder auf.

Über die elegante Via Farini und die Via Garibaldi gelangt man kurz darauf zur **Piazza San Domenico**. Welch hohes Ansehen Rechtsgelehrte in Bologna genossen haben, zeigen die gotischen Freigräber vor der Dominikanerkirche. Nicht Kaisern oder Königen, sondern zwei Glossatoren (Kommentatoren juristischer Werke) zu Ehren wurden sie errichtet.

Der Rechtsgelehrte Rolandino de' Passegeri entwarf 1256 die *Legge Paradiso*, das Gesetz zur Befreiung der Sklaven. Bologna hob damit als erste europäische Stadt die Leibeigenschaft auf.

Die Kirche **San Domenico**  wurde kurz nach dem Tod des hl. Dominikus erbaut, der 1221 in Bologna verstorben war. Einen Eindruck des ursprünglichen, als strenge Bettelordenskirche konzipierten Baus gibt heute einzig die Backsteinfassade mit der großen Rosette. Im *Inneren* wurde die dreischiffige Basilika Anfang des 18. Jh. von Carlo Francesco Dotti in barockem Stil verändert. Glanzpunkt der Ausstattung ist die **Arca**, der marmorne Schrein des Ordensgründers in der *Cappella San Domenico* im rechten Seitenschiff. An diesem einzigartigen Werk italienischer Bildhauerkunst arbeiteten verschiedene Künstler. *Niccolò Pisano*, der die Kanzel im Baptisterium von Pisa entwarf, und seine Mitarbeiter Fra' Guglielmo da Pisa und Arnolfo di Cambio schufen die vier Reliefs mit Szenen aus dem Leben des Heiligen. *Niccolò da Bari*, wegen dieser Arbeit auch ›Dell'Arca‹ genannt, wurde Mitte des 15. Jh. mit der Ausführung von Baldachin und Skulpturen betraut. Nach dem Tod des Künstlers beauftragte man 1495 den noch nicht 20-jährigen Michelangelo mit der Schaf-

Der Bauch von Bologna – hinter der Piazza Maggiore öffnen sich die engen Marktgassen der Altstadt mit ihrem reichen Angebot an frischem Gemüse

Theatervorstellung der etwas anderen Art – im Teatro Anatomico wurden einst Vorlesungen über die Anatomie des menschlichen Körpers gehalten

fung der letzten drei Figuren, dem kraftvollen Leuchterengel auf der rechten Seite sowie den Heiligen Petronius (2. von links) und Proculus (Rückseite). Beachtung verdient auch die ›Vermählung der hl. Katharina‹ (1501) von Filippino Lippi.

Wer gut zu Fuß ist, sollte auf dem Rückweg zur Piazza Maggiore einen Abstecher zu der westlich vom Stadtzentrum gelegenen, architektonisch interessanten Kirche **San Francesco** ⑫ unternehmen. 1236–63 errichtet, verrät sie trotz umfangreicher Restaurierungsarbeiten nach dem Zweiten Weltkrieg noch deutlich ihre Anlehnung an die französische Gotik. Typisch für diese Architektur ist der Chorumgang mit seinen Radialkapellen und den mächtigen Stützbögen an den Außenseiten.

Rund um die Schiefen Türme

Der Spaziergang durch die Altstadt endet dort, wo er begonnen hat, an der Piazza del Nettuno. Von hier kann man durch die belebte Via Rizzoli flanieren, eine der Haupteinkaufsstraßen von Bologna. Schon von weitem erkennt man die Wahrzeichen der Stadt. Himmelstürmend ragen die beiden ›Schiefen Türme‹, die **Torre Asinelli** (97 m, Neigung 2,23 m) und die **Torre Garisenda** ⑬ (48 m, Neigung 3,22 m), aus der verkehrsumbraus-

ten Piazza di Porta Ravegnana heraus. Die Wehrtürme wurden zu Beginn des 12. Jh. errichtet. Da der weiche Untergrund alsbald nachgab, darf sich Bologna heute zweier ›Schiefer Türme‹ rühmen. Wer einen wirklich atemberaubenden Ausblick über das ziegelrote Dächermeer der Stadt erleben möchte, kann die fast 500 engen Holzstufen der *Torre Asinelli* (Sommer tgl. 9 – 18 Uhr, Winter tgl. 9 – 17 Uhr) hinaufklettern. An klaren Tagen reicht die Fernsicht bis zu den Alpen.

Hier, an den Ausfallstraßen der Stadt, lag im Mittelalter das wirtschaftliche Zentrum. An der Ecke der Via Rizzoli steht noch heute das Zunfthaus der Tuchmacher, die **Casa dei Drappieri** ⑭ (15. Jh.). Bis weit in die Neuzeit galt Bologna als wichtiges Zentrum der Seidenindustrie. Direkt an der Piazza Ravegnana erhebt sich der gotische **Palazzo della Mercanzia** ⑮ (Ende des 14. Jh.). Er war einst Sitz der Zollbehörde und Niederlassung der Kaufleute.

Die Via S. Stefano führt in wenigen Minuten zum nahe gelegenen Kirchenkomplex **S. Stefano** ⑯, einem einzigartigen Ensemble aus vier Gotteshäusern und zwei Innenhöfen. Bereits die Römer errichteten an dieser Stelle einen Tempel für die Göttin Isis. Den Anstoß zum Kirchenbau soll im 5. Jh. Bischof Petronius gegeben haben, der zum Gedenken an die

Passion Christi ein zweites Jerusalem schaffen wollte. Der Sakralbau des Petronius wurde in langobardischer und fränkischer Zeit erweitert. Im 10. Jh. wurde er dann in eine benediktinische Klosteranlage integriert und nach dem hl. Stefan benannt.

Man betritt den unverputzten Backsteinbau über die einschiffige **Chiesa del Crocefisso** [**1**] (11. Jh.). Aus romanischer Zeit sind nach der barocken Umgestaltung allerdings nur noch die Außenmauern und die malerische Säulenkrypta mit den Reliquien der beiden Märtyrer Vitale und Agricola erhalten. Nach links erreicht man die **Chiesa del San Sepolcro** [**2**]. Das polygonale Bauwerk mit Umgang entstand im 12. Jh. auf den Resten einer älteren Kirche. Im Zentrum, gerahmt von Rundpfeilern und Doppelsäulen, steht eine freie Nachbildung des Grabes Christi in Jerusalem mit den Reliquien des Stadtpatrons Petronius. Links führt eine Pforte zur **Chiesa SS. Vitale e Agricola** [**3**]. Auch diese schlichte dreischiffige Basilika wurde im 11. Jh. in romanischem Stil auf älteren Fundamenten errichtet. Das

Dämmerlicht, das durch die Alabasterscheiben der Apsis einfällt, verleiht diesem Bau eine fast mystische Aura. In den Seitenapsiden stehen die Steinsarkophage der beiden Märtyrer.

Von der Heiliggrab-Kirche gelangt man auch auf den **Pilatus-Hof** [**4**] mit einem vom langobardischen König Litupard gestifteten Marmortaufbecken aus dem 8. Jh. Am Beckenrand ist eine Inschrift in langobardischer Sprache erhalten. Gegenüber liegt die **Chiesa della Trinità** [**5**] (13. Jh.). Blickfang ist in der linken Apsis die vom Bologneser Künstler Simone de' Crocefissi farbig gefasste Holzfigurengruppe ›Anbetung der Könige‹ von 1370, eine der ersten Darstellungen dieser Art. In dem anschließenden **Kreuzgang** [**6**] (11./12. Jh.) beeindrucken besonders die fantasievollen Kapitelle mit grotesken Figuren. Durch eine Seitentür gelangt man in die moderne **Klosterapotheke** [**7**], die allerlei Produkte aus verschiedenen italienischen Abteien zum Verkauf anbietet. Das benachbarte kleine **Museo di S. Stefano** [**8**] (tgl. 9–12 und 15.30–18 Uhr) zeigt ein Modell des Kirchenkomplexes.

S. Stefano

1 Chiesa del Crocefisso
2 Chiesa del San Sepolcro
3 Chiesa SS. Vitale e Agricola
4 Pilatus-Hof
5 Chiesa della Trinità
6 Kreuzgang
7 Klosterapotheke
8 Museo di S. Stefano

0   5 m

Zusammengewürfelte Architektur – in S. Stefano verschmelzen mehrere mittelalterliche Kirchenbauten zu einem einzigartigen Ensemble

Von Musikern, Magistern und Malern

In den endlosen Laubengängen der Via Zamboni nordöstlich des Zentrums herrscht Campus-Atmosphäre. Viele der altehrwürdigen Adelspaläste aus dem 16./17. Jh. sind heute Sitz von Universitätseinrichtungen. An der Piazza Rossini befindet sich seit 1805 das **Conservatorio di Musica G. B. Martini** 🄫, an dem *Gioacchino Rossini*, *Gaetano Donizetti* und *Ferruccio Busoni* studierten und lehrten.

Daneben erhebt sich die 1267–1343 errichtete Kirche **San Giacomo Maggiore** 🄫. Nach wiederholten Umbauten präsentiert sie sich heute mit einer romanisch-gotischen Fassade und einem einschiffigen Renaissance-Innenraum. Apsis und Chorumgang bilden den ältesten Teil des Sakralbaus. In der hintersten Chorkapelle, der berühmten **Cappella Bentivoglio** (1445–86), befindet sich die Grablege der mächtigsten Bologneser Familie des 15. Jh. Ihren Ursprung und Namen leitete die Familie vom Staufersproß Enzo ab. Ahnherrin *Lucia da Viadagola* soll den inhaftierten König heimlich besucht haben, der ihr zur Begrüßung und zum Abschied jedesmal ›Ben ti voglio‹ (Ich habe dich gern) zuflüsterte. Mitte des 15. Jh. beauftragte Giovanni II. Bentivoglio den Ferraresen Lorenzo Costa mit der Ausschmückung seiner Hauskapelle. Neben den allegorischen Darstellungen ›Der Triumph des Ruhmes‹ und ›Der Triumph des Todes‹ (beide 1490) malte dieser auch das Votivbild (1488), das Giovanni II. mit seiner Frau Ginevra Sforza und den Kindern in hingebungsvollem Gebet neben der thronenden Madonna zeigt. Bentivoglio stiftete das Bild aus Dank, denn ein Mordanschlag der verfeindeten Malvezzi gegen ihn war fehlgeschlagen.

Im dahinter liegenden **Oratorio S. Cecilia** 🄫 (Via Zamboni 15, tgl. 10–13 und 15–19 Uhr, im Winter tgl. 14–18 Uhr) versteckt sich der bedeutendste Freskenzyklus der Renaissance in Bologna. Die Künstler Amico Aspertini, Francesco Francia, Lorenzo Costa und ihre Mitarbeiter schufen die Fresken nach 1504/06 im Auftrag von Giovanni II. Bentivoglio. Die heute zum Teil zerstörten Wandmalereien zeigen Szenen aus dem Leben der hl. Cäcilia, ihres Bräutigams Valerian und dessen Bruder Tiburtius.

An der Piazza Verdi, einem beliebten Treffpunkt der Studenten, liegt das **Teatro Comunale** 🄫. Antonio Bibiena schuf dieses Rang- und Logentheater in Hufeisenform 1756–63. Eingeweiht wurde es 1763 mit dem ›Triumph der Clelia‹ von Christoph Willibald Gluck. Wenige

Die farbenfrohen, teilweise allerdings nur schlecht erhaltenen Fresken im Oratorio S. Cecilia zeigen Szenen aus dem Leben der Heiligen

Schritte weiter erstreckt sich der **Palazzo Poggio** 21, seit fast 200 Jahren Hauptgebäude der Universität. Rund um die Alma Mater kreist eine Vielzahl kleinerer Museen. Besonders eindrucksvoll ist das etwas makabre **Museo delle Cere Anatomiche Luigi Catttaneo** (Via Irnerio 48, Mo – Fr 9 – 13 Uhr) mit äußerst realistisch wirkenden Wachsmodellen des menschlichen Körpers und einzelner Organe.

Die links abzweigende Via delle Belle Arti führt zur **Pinacoteca Nazionale** 22 (Di – So 9 – 19 Uhr) mit einer bedeutenden Kunstsammlung Bologneser und emilianischer Malerei des 14. bis 18. Jh. Das Spektrum reicht von den expressiven und naturalistischen Tafelbildern (1330 – 59) eines *Vitale da Bologna* über die Renaissance-Fresken von Francesco del Cossa, Francesco Francia und Lorenzo Costa bis zur barocken Malerei der Gegenreformation von Künstlern wie Carracci, Guido Reni, Francesco Albani, Domenichino und Giovanni Lanfranco. Zu den Meisterwerken des Museums zählen das Polyptychon ›Madonnna mit Kind‹ (1333/ 34) von *Giotto*, die ›Verzückung der hl. Cäcilia‹ (um 1515) von *Raffael* sowie *Guido Renis* dramatischer ›Kindermord von Bethlehem‹ (1611).

Einen modernen Akzent im Stadtbild von Bologna setzt das nördlich vom Zentrum gelegene Messegelände **BolognaFiere** 23

(Bus 10, 35, 38 vom Hauptbahnhof) mit den weißen Türmen des japanischen Architekten Kenzo Tange. Im zur Anlage gehörigen Palazzo della Cultura e Congressi ist mit der **Galleria Comunale d'Arte Moderna** (Di – So 10 – 18 Uhr) eine der bedeutendsten Sammlungen moderner Kunst in Italien untergebracht (u. a. Renato Guttuso, Giorgio Morandi und Mimmo Paladino).

Der längste Arkadengang Bolognas windet sich in 666 Bögen von der Porta Saragozza hinauf zur Wallfahrtskirche **Madonna di San Luca** 24, gelegen auf der Spitze des Colle delle Guardia. Der Sakralbau, der eine

TOP TIPP

Einsame Spitze – die auf einem Hügel vor den Toren Bolognas gelegene Wallfahrtskirche Madonna di San Luca

hochverehrte byzantinische Marienikone birgt, wurde nach Plänen von Carlo Francesco Dotti zwischen 1723 und 1757 begonnen und von seinem Sohn Giacomo 1774 vollendet. Nach einem 3,5 km langen Spaziergang auf dem Hügel angelangt, genießt man von hier einen wunderbaren Ausblick auf die Stadt und die Bergkette des Apennin.

Praktische Hinweise

Information: Call Center Bologna, Tel. 0 51 24 65 41, Fax 05 16 39 31 71, Internet: http://iat.comune.bologna.it, Mo – Sa 9 – 19 Uhr. – IAT Bologna, Piazza Maggiore 6, tgl. 9 – 20 Uhr. – Stazione Centrale, Piazza Medaglie d'Oro; Flughafen Guglielmo Marconi.

Hotels

Internet: www.bolognahotel.net

**** **Corona d'Oro 1890**, Via G. Oberdan 12, Tel. 0 51 23 64 56, Fax 0 51 26 26 79. Stilvolles Hotel mit alten Fresken und Jugendstil-Salon im mittelalterlichen Stadtkern.

In den Altstadtgassen rund um die Piazza Maggiore atmet man mittelalterliches Flair

*** **Dei Commercianti**, Via Pignattari 11, Tel. 0 51 23 30 52, Fax 0 51 22 47 33. Komfortables und äußerst gepflegtes Hotel in einem mittelalterlichen Palazzo. Von den Zimmern mit Balkon genießt man einen einzigartigen Blick auf das gotische Seitenschiff von San Petronio.

*** **Orologio**, Via IV Novembre 10, Tel. 0 51 23 12 53, Fax 0 51 26 05 52. Die komfortablen Zimmer mit Blick auf die Schiefen Türme sind die schönsten.

** **Accademia**, Via delle Belle Arti 6, Tel. 0 51 23 23 18, Fax 0 51 26 35 90. Sympathischer Albergo in einem alten Palazzo im lebhaften Univiertel.

* **Delle Draperie**, Via Drapperie 5, Tel. 0 51 22 39 55, Fax 0 51 23 87 60. Einfache, 2003 renovierte Pension im Zentrum, direkt in der Marktgasse.

Ostello di San Sisto (IYHF), Via Viadagola 14, Tel./Fax 0 51 50 18 10. Jugendherberge in schöner, ruhiger Lage mit riesigem Garten. 6 km außerhalb vom Stadtzentrum in nördlicher Richtung.

Restaurants

Bottega del Vino Olindo Faccioli, Via Altabella 15b, Tel. 0 51 22 31 71. Stimmungsvolle Enoteca mit kleinen Gerichten in einem alten Geschlechterturm nahe Piazza Maggiore (So geschl.).

Cantina Bentivoglio, Via Mascarella 4b. Tel. 0 51 26 54 16. Gemütliches Weinlokal mit ausgezeichneter Küche im Univiertel. Abends wird live Jazzmusik gespielt (im Sommer So geschl.).

Diana, Via Indipendenza 24, Tel. 0 51 23 13 02. In der Atmosphäre der 30er-Jahre des 20. Jh. werden Bologneser Gerichte nach uralten Rezepten serviert (Mo geschl.).

Gianni a la Vècia Bulàgna, Via Clavature 18, Tel. 0 51 22 94 34. Sympathische Trattoria mitten im Marktgeschehen (So abends und Mo geschl.).

Osteria del Sole, Vicolo Ranocchi 1d. Älteste Osteria der Stadt (15. Jh.) im mittelalterlichen Marktviertel. Abends nur bis 21 Uhr geöffnet (So geschl.).

Trattoria Anna Maria, Via delle Belle Arti 17a, Tel. 0 51 26 68 94. Wo Nudeln noch hausgemacht werden (Mo sowie Di mittags geschl.).

2 Imola

Nicht nur Formel 1.

Eigentlich kennt man die zweitgrößte Stadt (65 000 Einw.) der Provinz Bologna nur als Kulisse für Formel-1-Rennen. Dabei hat die Stadt trotz der Zerstörungen des Zweiten Weltkriegs neben einer sehr gut erhaltenen Stadtfestung auch ein reizvolles *Centro Storico* zu bieten.

Geschichte Imola wurde im 2. Jh. v. Chr. als **römische Veteranenkolonie** an der Via Emilia gegründet, der römische Ursprung lässt sich bis heute an der rechtwinkligen Stadtanlage ablesen. Nach Zerstörungen während der Völkerwanderung begann im 10. Jh. ein allmählicher Aufschwung. Aus heftigen **Parteienkämpfen** ging die Signoria der *Familie Alidosi* als Sieger hervor (1341 – 1424).

Unter der kurzen Herrschaft des Papstneffen Girolamo Riario und seiner Frau Caterina Sforza (1473 – 99), die Imola als Mitgift in die Ehe eingebracht hatte, wurde die Rocca ausgebaut. Als Cesare Borgia, der sich zum ›Herzog der Romagna‹ aufgeschwungen hatte, die Stadt 1499 eroberte, beauftragte er *Leonardo da Vinci* mit einer Verstärkung der **Befestigungsanlagen**. Leonardos Plan von Imola gilt als das erste Beispiel moderner Stadtplanung. Die lange Herrschaft des Kirchenstaates überstand die Stadt im Dämmerschlaf. Nach der Einigung Italiens stieg sie zu einer der Hochburgen der **roten Emilia** auf. In Imola errangen die Sozialisten 1896 erstmalig die Mehrheit bei Parlaments- und Kommunalwahlen. Heute steht die Stadt ganz im Zeichen des ›Springenden Pferdes‹. Im bekannten Autodromo Dino e Enzo Ferrari dröhnen die Boliden bei **Formel-1-Rennen** um die Wette.

Besichtigung Marktplatz und Mittelpunkt der Stadt ist die unter Girolamo Riario 1474 – 84 neu angelegte Piazza Matteotti. Von den umliegenden Gebäuden stammt einzig der **Palazzo Comunale**, der Versammlungsort des städtischen Rates, noch aus dem 12. Jh., er wurde aber im 18. Jh. in barockem Stil umgestaltet. Gegenüber liegt der schöne **Palazzo Sersanti** (1480 – 84) mit seinem

Hier geht's rund – alljährlich im Frühjahr trifft sich die Formel-1-Szene im Autodromo Ferrari in Imola

beschwingten Arkadengang. Nach einem Entwurf des Toskaners Giorgio Fiorentino hatte ihn Riario als Sitz der Signoria erbauen lassen. Von hier lohnt ein Abstecher zum spätbarocken **Palazzo Tozzoni** (Via Garibaldi 18, Sa 9 – 12 und 15 – 19, So 15 – 19 Uhr). Seine original erhaltene Einrichtung mit Möbeln und Hausrat gewährt einen Einblick in den Geschmack und die Sammelleidenschaft einer Adelsfamilie in der Provinz. Ein Stück weiter erhebt sich die romanische **Cattedrale San Cassiano** (12. Jh.), die dem Stadtheiligen geweiht ist. Sie wurde im 18. Jh. komplett umgebaut und schließlich mit einer repräsentativen Fassade versehen.

Einen Akzent im Stadtbild Imolas setzt die militärgeschichtlich interessante **Rocca Sforzesca** (Sa 9 – 12 und 15 – 19, So 15 – 19 Uhr). Die quadratische Anlage mit den runden Eckbastionen wurde zwar von den Alidosi im 11. Jh. errichtet, ihr endgültiges Aussehen mit den niedrigen dicken Wehrmauern erhielt sie aber erst unter den Riario-Sforza. Der Wehrgang bietet einen schönen Blick auf Imola und die nahen Hügel.

Etwa 1 km außerhalb des historischen Zentrums, jenseits des Flusses Santerno, liegt das weltberühmte *Autodromo Enzo e Dino Ferrari*. Von der Tribüne gegenüber den Boxen kann man jederzeit den ohrenbetäubenden Testfahrten der Boliden zuschauen.

Ausflug

8 km westlich von Imola liegt das pittoreske Hügelstädtchen **Dozza**, das sich dank seiner farbenprächtig bemalten Mauern zu einem Zentrum für zeitgenössische Malerei entwickelt hat. Alle zwei Jahre im September sind die Gassen Austragungsort der *Biennale del Muro Dipinto* (Internet: www.murodipinto.it). Künstler aus aller Welt reisen an, um Hausfassaden und Mauern mit großformatigen Fresken auszuschmücken.

Oberhalb der Ortschaft thront die sehenswerte **Rocca Sforzesca** (April – Sept. Di – So 10 – 12.30 und 15 – 18.30 Uhr, Okt. – März Di – So 10 – 12.30 und 14.30 – 17 Uhr) aus dem 13. Jh. mit mächtigen runden Wehrtürmen. Im Inneren der Anlage lockt die *Enoteca Regionale*. Hier kann man sich durch alle DOC-Weine der Emilia Romagna kosten. Neben dem inzwischen rehabilitierten Lambrusco munden vor allem der Albano, der als erster Weißwein Italiens mit dem obersten Gütesiegel DOCG ausge-

Gesamtkunstwerk – die mittelalterlichen Gassen sind ein stilvoller Rahmen für die modernen Wandmalereien von Dozza

zeichnet wurde, der weiße Trebbiano und natürlich der rubinrote Sangiovese aus der Romagna.

Praktische Hinweise

Information: IAT Imola, Via Mazzini 14, Tel. 05 42 60 22 07, Fax 05 42 60 23 10, Internet: www. coumune.imola.bo.it. Mo – Fr 8.30 –13.30, Sa 8.30 –13, Di, Do auch 15 – 18.15 Uhr

Hotel

**** **Monte del Re**, Via Monte del Re 43, 3 km außerhalb von Dozza , Tel. 05 42 67 84 00, Fax 05 42 67 84 44, Intenet: www.montedelre.it. Hotel im einstigen Franziskanerkloster des 13. Jh. Stilvoll gespeist wird im Refektorium.

Restaurants

E' Parlaminté, Via Mameli 33, Imola, Tel. 0 54 23 01 44. Große Auswahl an Antipasti und guten Fischgerichten (So abends und Mo geschl.).

Osteria del Vicolo Nuovo, Via Codronchi 6, Imola, Tel. 0 54 23 25 52. Stimmungsvolles Lokal, ausgezeichnete Weine und kreative Küche. Günstige Mittagsgerichte (So/Mo geschl.).

San Domenico, Via Sacchi 1, Imola, Tel. 0 54 22 90 00. Spitzenlokal mit zwei Michelin-Sternen. Unnachahmlich die *Tortelli di ricotta tartufati con sugo di vitello*, Teigtaschen mit Trüffelricotta in Kalbssauce (So abends und Mo geschl.).

3 Marzabotto

Etruskische Stadt am Rande eines Naturparks.

Zu einer der bedeutendsten Fundstätten der Etrusker in der Emilia Romagna gehört die Siedlung von Marzabotto, die man mit dem Auto, aber auch mit der *Porrettana-Bahn* entlang des Flusses Reno erreichen kann.

Die Via Porrettana führt direkt zum **Grabungsgelände** (tgl. 8 – 19 Uhr) der antiken Stadt, die im 6. Jh. auf regelmäßigem Grundriss angelegt wurde. Bislang konnte man ein Quellheiligtum mit zahlreichen Votivgaben, einen Keramikbrennofen, eine Gießerei, eine Nekropole und die Akropolis freilegen. Die Fundstücke im **Museo Pompeo Aria** (tgl. 9 – 13 und 15 – 18.30 Uhr), die aufgrund der starken Zerstörungen des Museums im Zweiten Weltkrieg allerdings alle aus der Zeit nach 1945 stammen, zeigen die Entwicklung der Stadt bis zum Einfall der Gallier im 4. Jh.

Traurige Berühmtheit erlangte Marzabotto wegen eines Massakers: Im Herbst 1944 metzelte die 16. SS-Panzergrenadier-Division ›Heinrich Himmler‹ mehr als 700 Dorfbewohner nieder. In Gedenken an diese Gräueltat schuf man nach dem Zweiten Weltkriegs den 200 ha großen *Parco Storico-Naturalistico di Monte Sole* mit zahlreichen Wanderwegen (Wanderkarten gibt es im Büro des Parks, Via Porrettana 4, Mo –Sa 9 – 12.30, Mo, Do auch 14 – 16.30 Uhr).

Überreste einer längst vergangenen Kultur – Gräber in der Nekropole der etruskischen Siedlung Marzabotto

Piacenza und Parma – die Residenzstädte der farnesischen Herzöge

Das etwas verschlafene **Piacenza** stand schon immer ein wenig im Schatten des 50 km südöstlich gelegenen Parma, denn es spielte historisch nie eine herausragende Rolle. Trotzdem machten die Farnese das Städtchen 1545 zur Residenz ihres Herzogtums. Als jedoch *Pier Luigi Farnese* bereits ein Jahr später bei einer Verschwörung des Piacentiner Adels ums Leben kam, verlegte man die Residenz kurze Zeit später – nach **Parma**. Noch heute atmet man hier das großstädtische Flair der herzoglichen Vergangenheit. Und genießt die Kunstschätze aus Jahrhunderten, die romanischen Skulpturen des Bildhauers *Antelami* und die heiter-sinnlichen Bilder der Manieristen *Correggio* und *Parmigianino*. Im nahen **Castello di Torrechiara** illustrieren Fresken eine Liebesgeschichte, die einem Melodram von Verdi entliehen scheint. In der Bassa von Parma schuf der große Komponist schließlich seine bedeutendsten Opern. Auch die Umgebung von Piacenza wartet mit interessanten Ausflugszielen auf, mit zinnenbewehrten Bergdörfern wie **Castell'Arquato** und uralten Abteien wie **Bobbio** und **Chiaravalle della Colomba**.

4 Piacenza

Plan Seite 36

Das Tor zur Emilia.

Das Provinzhauptstädtchen Piacenza am Rande der Po-Ebene wird vom großen Touristenstrom links liegen gelassen. Dennoch lohnt ein Besuch, denn hinter seinen Stadtmauern verbergen sich bedeutende Zeugnisse aus dem Mittelalter und der Renaissance.

Geschichte Nach einer ersten Besiedlung durch Ligurer und Kelten gründeten die **Römer** 218 v. Chr. am Südufer des Po die Militärstation *Placentia*. Noch heute erkennt man die für römische Städte so typische rechtwinklige Anlage im Straßenbild. Mit dem Bau der Via Emilia und der Genua mit Aquilea verbindenden Via Postumia gewann Piacenza, das an der Schnittstelle dieser Straßen lag, an strategischer Bedeutung. Nach dem Untergang des Römischen Reiches im 5. Jh. war der Ort mehrmals Schauplatz kriegerischer Auseinandersetzungen zwischen Goten und Byzantinern. 1126 errang Piacenza seine Unabhängigkeit und nahm als Mitglied des **Lombardischen Städtebundes** am Kampf gegen *Barbarossa* teil. Im örtlichen Dom unterzeichnete der Staufer schließlich ein vorläufiges Abkommen, das zur Grundlage für den Frieden von Konstanz (1183) wurde. Dank ihrer Lage an der *Via Francigena*, der von zahlreichen Rompilgern genutzten Verbindungsstraße zwischen dem Rheinbecken und Mittelitalien, und ihren guten Handelsbeziehungen avancierte die Kommune schon bald zu einem bedeutenden **wirtschaftlichen Umschlagplatz**. Eine rege Bautätigkeit setzte ein, Kirchen, Klöster und Hospize wurden errichtet. Von den blutigen Parteienkämpfen zwischen *Guelfen* und *Ghibellinen* blieb aber auch Piacenza nicht verschont. In den folgenden Jahrhunderten übernahmen abwechselnd einheimische Familien und auswärtige Tyrannen wie die Mailänder Visconti und Sforza die Herrschaft über die Stadt. Im Jahr 1521 fiel sie an den Kirchenstaat und 1545 schließlich zusammen mit Parma an *Pier Luigi Farnese*, den Sohn von Papst Paul III., den das Kirchenoberhaupt zum Herzog erhoben hatte. Die **Herrschaft der Farnese** währte bis 1731. Als der Papstsohn jedoch in einer Verschwörung des Piacentiner Adels 1546 den Tod fand, verlegte man die

◁ *Überragend – der hohe Campanile setzt dem einmaligen Architekturensemble aus Dom und Baptisterium in Parma die Krone auf*

35

Residenz nach Parma. Im 17. und 18. Jh. diente Piacenza zunächst Österreich, später der Nationalstaatsbewegung vorwiegend als **Militärstützpunkt**. Heute leben die rund 98 500 Einwohner hauptsächlich von der mechanischen und elektronischen Industrie.

Besichtigung Zentrum der Stadt ist die **Piazza dei Cavalli**, die ihren Namen den bronzenen Reiterstandbildern zweier Herzöge verdankt. Die Denkmäler wurden 1620–25 vom Florentiner Bildhauer *Francesco Mochi* geschaffen und stellen Alessandro Farnese und seinen Sohn Ranuccio I. dar. Mit der dynamisch-bewegten Darstellung Alessandros gelang dem Bildhauer ein neuer, barocker Typus des Reiterstandbildes.

Beherrscht wird der weitläufige Platz vom mittelalterlichen Rathaus Piacenzas, dem **Palazzo del Comune** ❶, den man aufgrund seiner mächtigen gotischen Spitzbögen im Untergeschoss auch schlicht *Il Gotico* nennt. Über der offenen Pfeilerhalle aus strahlend weißem Marmor erhebt sich ein rotes Backsteingeschoss mit romanischen Rundbogenfenstern, die durch zierliche Marmorsäulen gegliedert sind. Den oberen Abschluss des Palastes bilden drei Türmchen und ein Kranz aus

Schwalbenschwanzzinnen. Die Glocke im mittleren Türmchen rief einst das Volk zu besonderen Anlässen zusammen. Wer in diesem Palazzo allerdings das Zeugnis einer selbstbewussten freien Kommune wähnt, täuscht sich. Den Bau ließ der Kaufmann Alberto Scoto, einer der ersten Gewaltherren Piacenzas, ab 1281 als ›Geschenk‹ an die Bürgerschaft errichten. Finanziert wurde er mit Geldern der Kaufmannszunft, deren Präsident Scoto war. In dieselbe Zeit fällt die Errichtung der gotischen Backsteinkirche **San Francesco** ❷ (1278–1365), die durch ein schönes Portal und eine Fensterrose besticht. Im weiten dreischiffigen Inneren wurde 1848 im Zuge der italienischen Einigungsbestrebungen der Anschluss Piacenzas an Piemont-Sardinien verkündet, was der Stadt den Beinamen ›Erstgeborene Italiens‹ einbrachte.

Die schnurgerade autofreie Flaniermeile Via XX Settembre verbindet das weltliche Zentrum mit dem östlich gelegenen Domplatz. Mit der Errichtung des **Duomo S. Maria Assunta** ❸ hatte man 1122 unter *Bischof Aldo* begonnen. Als Piacenza kurze Zeit später die kommunale Unabhängigkeit erlangte, führte die Bürgerschaft den Bau fort. Die faszinierende Mischung von romanischen und

Il Gotico nennen die Piacentiner den Palazzo del Comune wegen seiner imposanten Arkaden

gotischen Stilelementen erklärt sich aus der langen Bauzeit (1233 vollendet). Die romanische Fassade wird von Zwerggalerien und einer großen gotischen Fens-

terrose geschmückt. Baldachinaufsätze, die von Löwen und Telamonen gestützt werden, bekrönen die drei Portale. Während das Mittelportal im 16. Jh. neu ge-

Den Wald vor lauter Säulen nicht sehen – die fünfschiffige Dom-Krypta ruht auf 108 Säulen mit unterschiedlich geschmückten Kapitellen

staltet wurde, stammen die romanischen Stützfiguren der Seitenportale noch aus der Schule des *Wiligelmus von Modena* und des *Niccolò da Ferrara* (12. Jh.). Der auffällige Eisenkäfig am 71 m hohen *Campanile* (1333) soll unter Ludovico il Moro als ›Gefängnis‹ für Gotteslästerer gedient haben.

Das **Dominnere** mit Vierungskuppel und ausladendem Querschiff beeindruckt durch seine gewaltigen Raumdimensionen: Romanische Säulenarkaden teilen das Langhaus in drei Schiffe. Emporen oberhalb der Arkaden ziehen sich über das Querschiff bis zum Chor und verbinden damit harmonisch die verschiedenen Raumteile, die von einem gotischen Gewölbe abgeschlossen werden. Unter dem Presbyterium liegt die fünfschiffige Krypta mit 108 Säulen und dekorativen Kapitellen. Vierung, Hauptchor und Nebenapsiden sind mit Fresken (17. Jh.) der Bologneser Künstler Guercino, Ludovico Carracci und Camillo Procaccini geschmückt. Beachtung verdient in den Lünetten der Vierung die Darstellung der Sybillen von Guercino.

Ein Abstecher führt in die Via Roma zur dreischiffigen Basilika **San Savino** ❹ (12. Jh.). Im Kontrast zur abweisenden Säulenvorhalle aus dem 18. Jh. steht der stimmungsvolle romanische Innenraum. Fantasievolle Kapitelle (um 1110) mit Flechtwerk, Tieren und Blättern schmücken die Pfeiler des Hauptschiffes und der Krypta, farbige Mosaike des 13. Jh. die Böden des Presbyteriums und der Krypta: Das Rad der Fortuna gemahnt an die Vergänglichkeit des Glücks und verweist auf die vier Kardinaltugenden, die Sternbilder im Jahreskreis an den unaufhaltsamen Lauf der Zeit, der aber von einer göttlichen Ordnung zusammengehalten wird.

Über die Piazza del Duomo geht es wieder zurück ins Zentrum. Am Ende der Via Chiapponi erhebt sich die Basilika **Sant'Antonino** ❺, das älteste Gotteshaus Piacenzas, dessen Ursprünge bis ins 4. Jh. reichen. Der jetzige Bau stammt aus dem 11. Jh., wurde aber in den nachfolgenden Jahrhunderten mehrmals verändert. Heute präsentiert er sich als dreischiffige Basilika, wobei das Querschiff – ziemlich ungewöhnlich – schon unmittelbar hinter der Fassade liegt. Mitte des 14. Jh. erweiterte man das linke romanische Querschiff, dessen Portal mit einer eindrucksvollen Darstellung von Adam und Eva ausgeschmückt ist, um eine gotische Vorhalle. Nur wenige Schritte entfernt befindet sich die **Galleria d'Arte Moderna Ricci-Oddi** ❻ (Di – So 10 – 12 und 15 – 18 Uhr), die eine reichhaltige Sammlung von Werken italienischer Künstler des 19. und frühen 20. Jh. zeigt. Ebenfalls unweit des historischen Zen-

Hier wurde an nichts gespart – der prächtige Innenraum von S. Maria in Campagna [s. S. 40] ist über und über mit Gemälden und Skulpturen ausgeschmückt

Oben: *Höhepunkt der malerischen Ausstattung – die herrlichen Fresken in der Kuppel von S. Maria in Campagna*

Unten: *Allein unter Männern – Fresko der hl. Katharina im Streitgespräch mit heidnischen Gelehrten, geschaffen 1529–31 von Giovanni Antonio da Pordenone*

trums, aber auf der anderen Seite der Altstadt, liegt das ehemalige Nonnenkloster **San Sisto** ➐, in dem heute eine Kaserne untergebracht ist. Daher ist nur die dreischiffige Klosterkirche öffentlich zugänglich. Sie wurde in der Frührenaissance nach einem originellen Plan von *Alessio Tramello* auf einem Vorgängerbau des 9. Jh. neu errichtet. Der Baumeister setzte der dreischiffigen Basilika mit Querschiff und hoher Vierungskuppel ein identisches Querschiff vor, dessen Abschluss zwei kleine Zentralbauten bilden. Diese Dopplung lässt die Kirche viel weiträumiger erscheinen, als sie in Wirklichkeit ist. Am Hochaltar hängt eine Kopie der berühmten ›Sixtinischen Madonna‹, die Raffael eigens für dieses Gotteshaus schuf. Von den Benediktinern 1754 an August III. verkauft, ist das Originalgemälde heute der Stolz der Dresdener Gemäldegalerie Alte Meister.

Der nahe **Palazzo Farnese** ➑ erhebt sich an der Stelle, an der der Mailänder Gian Galeazzo Visconti bereits im 14. Jh. eine mächtige Zitadelle errichten ließ. Von der alten Anlage wurden allerdings nur zwei Ecktürme und einige zinnenbewehrte Mauern in den Neubau integriert.

Ein Werk des Teufels – die berühmte ▷
Ponte Gobbo von Bobbio soll von Luzifer
persönlich errichtet worden sein

Ottavio Farnese beauftragte ab 1559 zunächst Francesco Paciotto, später dann Vignola, den Hofarchitekten der Herzöge, mit dem Bau eines neuen Palastes, der jedoch nie vollendet wurde. Heute beherbergt der Palazzo mehrere **Museen** (Di – So 9 – 13 Uhr, Fr – So auch 15 – 18.30 Uhr), unter denen das *Museo Archeologico* mit Funden von der Bronze- bis zur Römerzeit herausragt. Glanzstück ist das berühmte etruskische Bronzemodell einer Schafsleber (2./1. Jh. v. Chr.) aus Settima bei Piacenza. Ihre eingravierten Bezeichnungen dienten angehenden etruskischen Eingeweideschauern als Lernhilfe. Die *Pinacoteca* im 1. Stock präsentiert Gemälde des 16. bis 18. Jh. Bedeutendstes Werk ist das Rundmedaillon ›Anbetung des Kindes durch Maria und den Knaben Johannes‹ (1483 – 87) von Sandro Botticelli.

Nicht versäumen sollte man einen Besuch der Backsteinkirche **S. Maria di Campagna** ❾ (1522 – 28) am westlichen Rand der Altstadt. Dieses Juwel der Renaissancearchitektur wurde von Alessio Tramello als Zentralbau errichtet. Die Erweiterung des Chores geht auf das Jahr 1791 zurück. Bemerkenswert sind die 1529 – 31 entstandenen meisterhaften Fresken des friulanischen Malers *Giovanni Antonio da Pordenone*, die ›Disputation der hl. Katharina‹ und die ›Anbetung der Könige‹ [s. S. 38/39].

Praktische Hinweise

Information: IAT Piacenza, Piazzetta Mercanti 7, Tel. 05 23 32 93 24, Fax 05 23 30 67 27, Internet: www. comune.piacenza.it. Di/Mi, Fr/Sa 9.30 – 12.30 und 15 – 18, Do nur 15 – 18 Uhr

Hotels

**** **Grande Albergo Roma**, Via Cittadella 14, Tel. 05 23 32 32 01, Fax 05 23 33 05 48, Internet: www. grandealbergoroma.it. Angenehmes, gepflegtes Hotel mit Sauna und Fitnessraum in der Nähe des Palazzo Farnese.

*** **Nazionale**, Via Genova 35, Tel. 05 23 71 20 00, Fax 05 23 45 60 13, Internet: www.hotelnazionale.it. Gemütliches Mittelklassehotel außerhalb der Stadtmauern.

Restaurants

Antica Osteria del Teatro, Via Verdi 16, Tel. 05 23 32 37 77. Restaurant in einem Palazzo aus dem 15. Jh. Fragen Sie nach den neuesten Kreationen des Küchenchefs (So/Mo geschl.).

Balzer, Piazza Cavalli 1, Tel. 05 23 33 10 41. Schmackhafte Fischgerichte sind Teil der innovativen Küche (Do abends geschl.).

La Pireina, Via Borghetto 137, Tel. 05 23 33 85 78. Hausmannskost in der Altstadt (So/Mo abends geschl.).

Peppino, Via Roma 183, Tel. 05 23 32 92 79. Alteingesessenes Lokal mit traditioneller Küche, auch Fischgerichte (Mo geschl.).

5 Bobbio

Wo ein irischer Mönch eine Abtei baute und der Teufel eine Brücke.

Das im grünen Flusstal des *Trebbia* gelegene Bobbio (4000 Einw.) ist eine beliebte Sommerfrische der Piacentiner. Den 45 km von der Provinzhauptstadt entfernten Ort erreicht man über die SS 45 oder per Bus über Rivergaro. Die Fahrt führt vorbei an Feldern, durch Weinanbaugebiete und kleine bäuerliche Siedlungen. Anfang des 7. Jh. erhielt der aus Irland

stammende Mönch und Wanderprediger *Columban* den Ort Bobbio vom langobardischen König Aistulf als Schenkung. Zwar verstarb der Mönch schon bald darauf, doch entwickelte sich die von ihm 612 gegründete Abtei zu einem herausragenden kulturellen Zentrum. Im *Scriptorium*, der Schreibstube, kopierten die Ordensbrüder unermüdlich religiöse Texte und antike Schriften und sicherten sie so der Nachwelt. 1499 schloss sich die bis dahin exemte Abtei einer Benediktiner-Kongregation in Padua an, ihre Bedeutung hatte sie zu dieser Zeit aber schon lange verloren. Als das Kloster 1801 von den Franzosen aufgelöst wurde, verschleuderten diese auch die letzten Handschriften und Kodizes der ehemals so reichen Bibliothek auf einer Versteigerung. Heute schmücken diese Werke Bibliotheken in Mailand, Turin, Neapel und im Vatikan.

Noch immer ist die einstige **Abbazia di San Columbano** Mittelpunkt des kleinen Ortes. An der Piazza Fara stößt man zunächst auf die Loggia des 16. Jh. mit dem darüber liegenden *Dormitorium*, das heute eine Städtische Schule beherbergt. In den anderen Räumen des Klosters sind verschiedene **Museen** untergebracht, die die *Klostergeschichte* (Di–Sa 16.30–18, Sept.–Juni Sa 15–16.30; So stets 11–12 und 15–17 Uhr) und *Stadtgeschichte*

(Mi–Fr 17–19, Sa/So 11–12.30 und 17–19 Uhr, Sept.–Juni Sa/So 11.30–12.30 und 15–17 Uhr) beleuchten. Die dreischiffige Klosterkirche **San Columbano** wurde 1456–1522 vollständig umgebaut. An den Vorgängerbau aus dem 9. Jh. erinnert lediglich ein langobardischer Taufstein im Inneren. Glanzstück der Kirche aber ist die **Krypta**. Bei der Restaurierung im Jahre 1910 stieß man auf ein 10 × 10 m großes vielfarbiges *Mosaik* aus der ersten Hälfte des 12. Jh. Die ersten beiden Streifen zeigen alttestamentarische Szenen aus den Makkabäer-Büchern. In den beiden unteren Streifen illustrieren Monatsdarstellungen und Sternbilder den Jahresverlauf. Der marmorne *Sarkophag* (1480) in der Mitte der Krypta gedenkt dem Klostergründer Columban. Beachtenswert sind die Grabmäler der beiden nachfolgenden Äbte. Sie sind mit zwei *langobardischen Altarschranken* geschmückt, die das typische Flechtmuster aufweisen.

Die Haupt- und Einkaufsstraße *Contrada di Porta Nuova* mit ihren verlockenden kulinarischen Auslagen führt zum eigentlichen Wahrzeichen von Bobbio: der teils römisch, teils mittelalterlichen **TOP TIPP** Steinbrücke **Ponte Gobbo** (›Bucklige Brücke‹). Elf ungleiche Bögen überspannen den Trebbia-Fluss. Zu verwegen ist sie, um von Menschenhand erbaut zu sein; hier hatte der Teufel die Hand im Spiel. Weil es Columban nicht gelang, die Brücke zu bauen, soll er Luzifer herausgefordert haben, der sie auf den Rücken seiner großen und kleinen Teufel errichtete. Als Gegenleistung verlangte er die Seele desjenigen, der die Brücke als Erster überschreiten würde. Der Mönch willigte ein und als die Brücke fertig war, schickte er als Ersten seinen treuen Bären.

Ausflug

Von Bobbio aus lohnt ein Abstecher entlang des Trebbia nach **Marsaglia**. Smaragdgrünes Wasser hat sich hier durch die dicht bewaldeten Felsen gegraben und spektakuläre Spuren hinterlassen. Schöne Buchten laden zum Baden ein. Besonders Sportliche können eine *Kajakfahrt* unternehmen (Sports Open Face, Marsaglia, Tel. 05 23 93 43 00).

Praktische Hinweise

Information: IAT Bobbio, Piazza San Francesco, Tel. 05 23 96 28 15, Fax 05 23 93 66 66, Internet: www. comune.bobbio.pc.it

Hier ist nichts so, wie es scheint – im 19. Jh. ließ Graf Visconti das pittoreske Dorf Grazzano Visconti im Stil eines mittelalterlichen Borgo errichten

Hotel

*** **Piacentino**, Piazza San Francesco 19a, Tel. 05 23 93 65 63, Fax 05 23 93 62 66, Internet: www. hotelpiacentino.it. Komfortables Mittelklassehotel mit guter Küche.

Restaurant

TOP TIPP **San Nicola**, Contrada San Nicola 11, Tel. 05 23 93 23 55. In den Räumen des einstigen Nonnenklosters zeigt sich die Piacentiner Küche von ihrer besten Seite. Dazu gibt es eine spektakuläre Weinauswahl (Reservierung empfohlen, Mo/Di geschl.).

6 Grazzano Visconti

Nostalgische Traumwelt eines Grafen.

Das im Nure-Tal gelegene pittoreske Dorf Grazzano Visconti gehört zu den beliebtesten Ausflugszielen der Region. Efeuumrankte Backsteinhäuser mit zinnenbewehrten Mauern und malerischen Laubengängen, traditionelle Werkstätten, in denen Möbel nach alten Vorlagen geschreinert werden, Einwohner in mittelalterlicher Kleidung – hier scheint die Zeit stehen geblieben zu sein. Doch dieses Bild hat einen kleinen Schönheitsfehler: Grazzano Visconti besteht erst seit knapp 100 Jahren. Gegründet wurde der

Mittelalterlicher Bilderteppich – farbenfrohe Fresken mit Szenen aus dem Leben Jesu schmücken die romanische Collegiata di S. Maria in Castell'Arquato

Ort vom *Grafen Giuseppe Visconti*, um alte Handwerkstraditionen zu erhalten und der arbeitslos gewordenen Landbevölkerung eine neue Beschäftigung zu geben. Einzig die *Burg*, die sich allerdings in Privatbesitz befindet, ist alt und wurde Anfang des 15. Jh. errichtet.

Praktische Hinweise

Information: IAT, Corte Vecchia 7, Tel./Fax 05 23 87 09 97, Internet: www.grazzano.it. April – Sept. Di – So 9.30 – 12.30 und 14.30 – 17.30 Uhr

 7 Castell'Arquato

Mittelalterliches Kleinod.

Mit seinen gut erhaltenen Kirchen und Palästen sowie der wehrhaften Burg gehört das mittelalterliche Bergstädtchen Castell'Arquato, das auf einem Hügel hoch über der *Val d'Arda* thront, zu den schönsten Dörfern der Emilia Romagna. Aufgrund der strategisch günstigen Lage war der Ort stets heiß umkämpft. Nach einer ersten Besiedlung durch die Römer gehörte das Städtchen ab 772 zum Besitz der Fürstbischöfe von Piacenza. Im Mittelalter entwickelte sich Castell'Arquato zu einem wichtigen militärischen Stützpunkt und kontrollierte Teile des Apennin sowie die Ebene um Piacenza. Auf ein kurzes Zwischenspiel kommunaler

Unabhängigkeit folgte die Herrschaft auswärtiger Familien wie den Visconti, Sforza und schließlich den Farnese. In dieser Zeit wurde Castell'Arquato zu einer Festungsstadt ausgebaut.

Von der Unterstadt führt die pittoreske Via Dante zum **Torrione Farnesiano**, einem Festungsturm aus dem 16. Jh., der zunächst als Proviantlager diente. Unter einem Torbogen hindurch, der den neu-

Im Rampenlicht stehen – die Scheinwerfer setzen den Palazzo del Podestà in Castell' Arquato glanzvoll in Szene

gotischen *Castello Stradivari* stützt, steigt man den Burgberg hinauf. Ein harmonisches Ensemble mittelalterlicher Bauwerke auf der Piazza del Municipio lässt die Kameraverschlüsse klicken. Der mächtige Bau des **Palazzo del Podestà** wurde zwar unter dem Piacentiner Stadttyrannen Alberto Scoto 1293 begonnen, die überdachte Treppe und die Loggia kamen aber erst im 15. Jh. hinzu. Ältestes Gebäude ist die um 1120 erbaute romanische Kirche **Collegiata di S. Maria**, die vor allem durch ihre herrliche Chorpartie mit den drei halbkreisförmigen Apsiden besticht. Aus derselben Zeit stammen auch die mit Figuren und pflanzlichen Motiven geschmückten Kapitele des dreischiffigen Innenraums.

Über allem thront die zinnenbewehrte **Rocca** (März – Mai, Sept. – Okt. Di – Fr 10 – 12 und 15 – 17, Sa/So bis 18 Uhr, Juni – Aug. Di – So 10 – 12 und 16 – 18 Uhr, Nov.–Febr. So/Fei 10 – 12 und 15 – 17 Uhr), die 1342 im Auftrag der Stadt Piacenza begonnen und 1347, bereits unter der Herrschaft der Visconti, fertig gestellt wurde. Die Burg wurde angelegt zur Abwehr äußerer Feinde, aber auch zum Schutz vor inneren Revolten. Sie war von einem doppelten Mauerring und einem tiefen Graben mit drei Zugbrücken umgeben.

Praktische Hinweise

Information: IAT, Viale Remondini 1, Tel./Fax 05 23 80 30 91, März – Okt.

Di – Sa 9.30 – 12.30, So/Fei 10 – 12 und 15 – 16.30 Uhr, Nov. – Febr. nur Di – Sa

Restaurants

Da Faccini, 3 km entfernt in Loc. Sant' Antonio, Tel. 05 23 89 63 40. Der Weg in die *Campagna* lohnt, geboten werden leckere Gerichte in familiärer Atmosphäre (Mi und Juli geschl.).

La Rocca da Franco, Via Asilo 4, Tel. 05 23 80 51 54. Gemütliches Lokal mit schöner Veranda (Di abends, Mi und Juli geschl.).

8 Abbazia Chiaravalle della Colomba

Ältestes Zisterzienserkloster Italiens mit schönem Kreuzgang.

Obwohl die Abbazia Chiaravalle della Colomba etwas verloren zwischen der Autobahn und der Via Emilia liegt, sollte man einen Besuch nicht versäumen. Französische Zisterziensermönche unter der Führung des Predigers und Mystikers *Bernhard von Clairvaux* (ital. Chiaravalle) gründeten hier auf Betreiben des Bischofs von Piacenza 1135 das erste Tochterkloster in Italien. Eine weiße Taube (Colomba) soll ihnen mit einem Stöckchen im Schnabel den einsam gelegenen Bauplatz gewiesen haben. Die Mönche begannen sogleich mit der Kultivierung der umliegenden Sümpfe und Auenwälder. Umfangreiche Schenkungen mach-

Die Straße der Pilger

Wenn in Rom, wie zuletzt im Jahr 2000, Heiliges Jahr ist, strömen Millionen von Pilgern in die Ewige Stadt. Sicher werden sie nicht so lange brauchen wie Sigeric, der Erzbischof von Canterbury, der Ende des 10. Jh. sage und schreibe 80 Tage unterwegs war. Doch die Pilger des Mittelalters reisten meist auch noch mühsam zu Fuß.

Eine der wichtigen Verbindungsstraßen von Nord nach Süd war die **Via Francigena**, *die Frankenstraße, die Frankreich mit Italien verband. Sie wurde unter den Langobarden angelegt, als Ersatz für die alten römischen Konsularstraßen, die von Byzanz kontrolliert wurden und damit für die Langobarden nicht mehr gut zu benutzen waren. Ein*

Streckenabschnitt der einstigen Frankenstraße verläuft durch die heutige Emilia. Von **Piacenza** *gelangte man über Fidenza nach* **Parma** *und über den Cisa-Pass ins toskanische Pontremoli. Die Handelsstraße wurde bald immer häufiger von Pilgern benutzt, die nach Rom oder weiter nach Apulien unterwegs waren, um sich dort für die Reise ins Heilige Land einzuschiffen.*

Zur Sicherung der Route wurden Klöster wie die Abtei von **Bobbio** *oder Burgen wie* **Castell'Arquato** *errichtet. Zahlreiche Hospize sorgten für die Straßenerhaltung und boten bedürftigen Pilgern Wasser und ein Nachtlager. Von den wohlhabenderen Reisenden erwartete man natürlich eine Spende.*

Oase der Ruhe – der Kreuzgang der Abbazia Chiaravalle della Colomba mit seinen schönen Arkaden lädt zum stillen Verweilen ein

ten das Kloster schon bald so vermögend und mächtig, dass es zahlreiche weitere Zisterzienserklöster in der Emilia gründen konnte.

Seit die Umbauten des 17. Jh. wieder rückgängig gemacht worden sind, strahlt die dreischiffige, weiträumige **Klosterkirche** wieder ganz im Sinne der Ordensregel eine fast asketische Einfachheit aus. Statt eines Umgangs mit Radialkapellen, wie so oft bei den Zisterzienserkirchen, findet der Chor einen geraden Abschluss mit Kapellen für Einzelandacht und Bußübungen. Von der kargen malerischen Ausstattung blieben nur einige *Freskenfragmente* erhalten, die in der Nachfolge Giottos stehen. Schmuckstück der Anlage ist der herrliche **Kreuzgang** neben dem rechten Seitenschiff. Von Doppelsäulen gestützte Spitzbogenarkaden öffnen sich auf den Innenhof. An den Ecken werden die Säulen jeweils durch einen gotischen ›Knoten‹ gebunden.

9 Parma
Plan Seite 46

»Niemand sage, er habe Italien gesehen, wenn er nicht dich besucht hat, Parma und deinen Dom.« Ludwig Tieck

In Parma kann man nicht nur gut leben und wohnen, essen und trinken, hier, so meinen manche, sollte man auch seinen Lebensabend verbringen. Neben kulinarischen Genüssen präsentiert die ehemalige Residenzstadt dem Besucher auch eine Fülle an Kunstschätzen.

Geschichte Parma wurde 183 v. Chr. von den **Römern** als Militärstation an der Via Emilia errichtet. Prächtige Thermen und Theater bereicherten die blühende Handelsstadt während der Kaiserzeit. Nach Byzantinern, Langobarden und Franken übernahmen Bischöfe die Herrschaft. *Bi-*

Grüne Lunge im Herzen von Parma – der Parco Ducale mit dem gleichnamigen Palazzo

schof *Kadaloh* (1045 – 72) initiierte den Bau der Kathedrale. Nach einem kurzen Zwischenspiel kommunaler Unabhängigkeit Anfang des 12. Jh. wurde Parma von wechselnden Signorien einheimischer Familien regiert und geriet schließlich in den Bannkreis der Mailänder *Visconti* und *Sforza* (1346 – 1500). Nachdem die Stadt an den Kirchenstaat gefallen war, entstand durch die Schenkung Papst Pauls III. an seinen Sohn *Pier Luigi Farnese* das **Doppelherzogtum Piacenza-Parma**. Die fast 200-jährige Herrschaft der Farnese 1545 – 1731 setzte in der Residenzstadt einschneidende urbane Akzente: Mit dem Parco Ducale, dem Palazzo della Pilotta und der Zitadelle wurden große Bauvorhaben verwirklicht. Als die Lilie der Farnese verblüht war, fiel das Herzogtum an die Bourbonen. Mit dem Hofarchitekten *Ennemond-Alexandre Petitot* wehte ein Hauch französischen Flairs durch Parma, und die Stradone della Cittadella wurde in den ersten italienischen Boulevard verwandelt. Eine kulturelle Blütezeit begann nach dem Wiener Kongress mit der Herrschaft der Tochter des österreichischen Kaisers und Gattin Napoleons, *Marie Louise* (1815 – 47), die zahlreiche soziale Reformen und öffentliche Bauten in Angriff nahm. Mit der **Einigung Italiens** fiel Parma dann wieder in den Rang einer Provinzstadt zurück. Nach dem Zweiten Weltkrieg ent-

wickelte sie sich zum führenden Zentrum der italienischen Nahrungsmittelindustrie, die zum größten Arbeitgeber für die rund 170 000 Einwohner wurde. Die Nudelfabrik *Barilla* ist hier ebenso beheimatet wie die Milch verarbeitende Industrie *Parmalat*. Daneben reifen in unzähligen Kleinbetrieben um Parma *Prosciutto di Parma* (Parmaschinken) und *Parmigiano* (Parmesankäse).

Besichtigung Idealer Ausgangspunkt für einen Rundgang durch Parma ist der südwestlich des Bahnhofs gelegene **Parco Ducale** ❶. Die weitläufige Parkanlage wurde von *Ottavio Farnese* als Repräsentationsgarten für die Residenzstadt angelegt und im 18. Jh. nach französischem Geschmack umgestaltet. Streng symmetrisch angeordnete Rasenflächen, gestutzte Hecken und mythologische Figurengruppen umgeben den **Palazzo Ducale**, der nach einem Plan von *Giacomo Barozzi da Vignola* 1561 – 64 errichtet worden ist. Nach mehreren Umbauten erhielt er sein endgültiges Aussehen in der zweiten Hälfte des 18. Jh. durch den Hofarchitekten Ennemond-Alexandre Petitot, der die Fassade in ein warmes Gelb tauchte – und damit einen Trend schuf. Der im gesamten Stadtbild vorherrschende Gelbton geht auf ihn zurück. Die Säle des Gartenpalais, das heute teilweise Sitz der Carabinieri ist, wurden 1568 – 1619

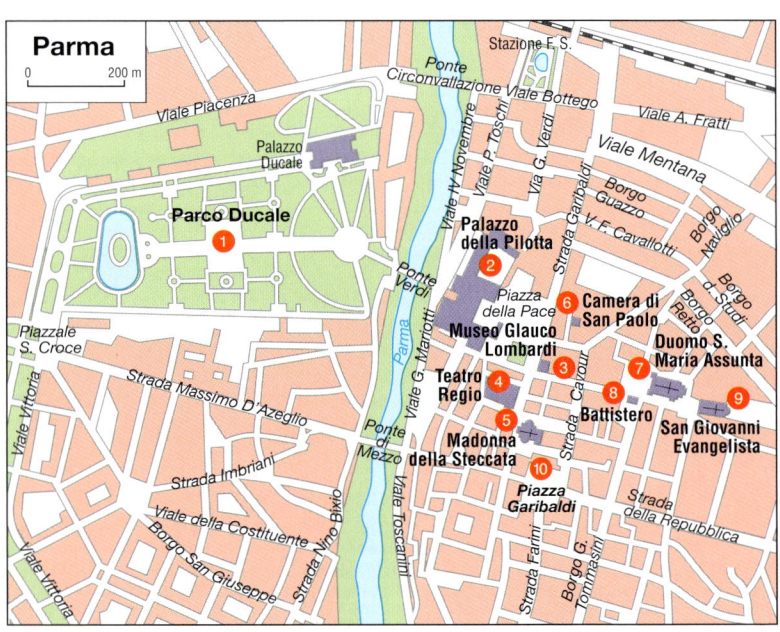

Wegbereiter der modernen Theaterarchitektur – das ganz aus Holz gefertigte Teatro Farnese im Palazzo della Pilotta in Parma

von der Bologneser Schule um *Agostino Carracci* mit prächtigen Stuckdekorationen und Fresken ausgeschmückt, die mythologische und allegorische Liebesszenen zum Thema haben.

Über den *Ponte Verdi* gelangt man zum riesigen **Palazzo della Pilotta** ❷. 1583, rund 30 Jahre nachdem die Farnese ihre Residenz von Piacenza nach Parma verlegt hatten, begann man mit dem Bau des herzoglichen Regierungspalastes, der jedoch unvollendet blieb. Benannt wurde die wuchtige und etwas düstere Anlage nach dem im 16. Jh. sehr beliebten baskischen Ballspiel ›Pelota‹, das von den Aristokraten in den Innenhöfen des Palazzo gespielt wurde.

Heute beherbergt der Palast verschiedene Museen. Eine gewaltige, doppelläufige Treppe, von einer achteckigen Kuppel überwölbt, führt zum **Museo Archeologico Nazionale** (Di – So 8.30 – 14 Uhr) mit prähistorischen, griechischen, etruskischen und römischen Exponaten aus der Emilia. Von besonderem Interesse sind die Funde aus *Velleia*, einer einst blühenden römischen Siedlung nahe Piacenza. Neben Bronze-Inschriften, darunter die *Tabula Alimentaria*, die die Versorgung armer freigeborener Kinder aus Staatsmitteln festschrieb, fand man zwölf Marmorstatuen von Mitgliedern des ju-

lisch-claudischen Herrscherhauses. Ein Stockwerk höher befindet sich die 1761 gegründete **Biblioteca Palatina** mit einer reichen Sammlung an Manuskripten, seltenen Frühdrucken und Grafiken. Das angeschlossene **Museo Bodoniano** (Mo – Sa 9 – 12 Uhr, Führungen auf Voranmeldung, Tel. 05 21 22 04 11) ist dem Buchdrucker *Giambattista Bodoni* (1768 – 1813) gewidmet, der aufgrund seiner hervorragenden Druckwerke und den von ihm erfundenen Lettern einen weit reichenden Ruf genoss.

Architektonische Perle der Palastanlage ist das **Teatro Farnese** (Di – So 8.30 – 14 Uhr, im Sommer auch Sa 20 – 23 Uhr), das *Giovanni Battista Aleotti* in weniger als einem Jahr (1618/19) aus Tannenholz erbaute. Mit 22 m Höhe, 87 m Länge und 32 m Breite boten die aufsteigenden Ränge und Galerien rund 4000 Menschen Platz. Farnese-Herzog Ranuccio I. wollte mit dem Bau Cosimo II. de' Medici imponieren, der während einer geplanten Mailand-Reise in Parma Station machen sollte. Doch die Reise fiel ins Wasser. So wurde das Theater erst 10 Jahre später anlässlich der Hochzeit zwischen Odoardo Farnese und Margherita de' Medici mit einem vom großen Komponisten *Claudio Monteverdi* vertonten Schauspiel eingeweiht. In einer spektakulären Seeschlacht im Finale überflutete man die 800 m² große Bühne. Im Gegensatz zu Palladios Teatro Olimpico in Vicenza, das Aleotti als Vorbild gedient hatte, besaß das Teatro Farnese ein bewegliches Bühnenbild. Mit seiner U-förmigen Anordnung der Ränge wurde es zum Wegbereiter moderner Theaterbauten. Nach den Zerstörungen im Zweiten Weltkrieg baute man das Teatro Farnese originalgetreu wieder auf. Heute finden hier in den Sommermonaten wieder Theateraufführungen statt.

TOP TIPP Vom Bühnenraum gelangt man in die lang gestreckte **Galleria Nazionale** (Di – So 8.30 – 14 Uhr), eine Gemäldesammlung mit herausragenden Werken des 14. bis 19. Jh. Zu den Exponaten zählen der monochrome ›Mädchenkopf‹ von *Leonardo da Vinci* und das berühmte Porträt ›Erasmus von Rotterdam‹ von *Hans Holbein d. J.* Die hinteren Räume der Galerie, die man ebenfalls über das Teatro Farnese erreicht, sind den beiden Wegbereitern des Manierismus, Antonio Allegri, gen. Correggio (1498 – 1534), und Parmigianino gewidmet. Die virtuose Farbgebung *Correggios* zeigt sich besonders deutlich in den Altarbildern ›Madonna della Scodella‹ und ›Madonna di S. Girolamo‹. Unter *Parmigianinos* [s. S. 52] Werken besticht die ›Türkische Sklavin‹, ein Frauenbildnis von raffinierter Eleganz.

Eine hohe Kuppel krönt die Pfarrkirche Madonna della Steccata

Schräg gegenüber, auf der anderen Seite der Piazza della Pace, befindet sich das **Museo Glauco Lombardi** ❸ (Di – Sa 10 – 15, So 9–13 Uhr). Es ist Marie Louise von Österreich (1791 – 1847) gewidmet, der ›*Buona Duchessa*‹, der guten Herzogin, unter deren Regentschaft das Land aufblühte. Die einzigartige Sammlung von Möbeln, Gemälden, Alltagsgegenständen sowie persönlichen Erinnerungen und Briefen zeichnet ein eindrucksvolles Bild des *Grand Siècle* von Parma und einer Herzogin, die durch ihr Bemühen um eine Verbesserung des Schulwesens und der medizinischen Versorgung tief im Gedächtnis der Parmenser verwurzelt ist. Kurios dagegen sind die fast surrealistischen Drucke von Ennemond-Alexandre Petitot, die die Pariser Mode des 18. Jh. und ihre Anlehnung an das klassische Griechenland karikieren.

Auf die kunstsinnige Habsburgerin geht auch das nahe neoklassizistische **Teatro Regio** ❹ zurück, das 1821 nach Plänen von *Nicola Bettoli* begonnen und acht Jahre später mit Vincenzo Bellinis Oper ›Zaira‹ eingeweiht worden ist. Hier feierte Verdi Triumphe, gastierte der ›Teufelsgeiger‹ Niccolò Paganini und studierte und debütierte die Sopranistin Renata Tebaldi. Noch heute gilt Parmas Publikum als äußerst kritisch und als gefürchteter Prüfstein für jeden Musiker und Sänger.

Nur wenige Schritte entfernt erhebt sich die Pfarrkirche **Madonna della Steccata** ❺, in der Marie Louise von

Entrückt – die illusionistische Darstellung der Himmelfahrt Mariens von Correggio in der Domkuppel von Parma entstand 1526–34

Lorenzo Bartolini ein Grabmal für ihren zweiten Gatten, den General Adam Graf Neipperg, errichten ließ. Die Kirche wurde 1521–39 von Bernardino und Giovanni Francesco Zaccagni anstelle eines Oratoriums erbaut, das von einem Lattenzaun (*Steccata*) umgeben war. Der eindrucksvolle Zentralbau über griechischem Kreuz mit hoher Kuppel orientiert sich an Michelangelos Plänen für die römische Peterskirche. Mit ihrem ausgewogenen Maßverhältnis und der klaren Gliederung gibt sich die Kirche deutlich als ein Bau der Hochrenaissance zu erkennen. Das Innere prunkt mit einer reichen Ausstattung, in deren Mittelpunkt die Fresken (1530–39) von *Parmigianino* am großen Chorbogen stehen. In dem für ihn typischen eleganten und preziösen manieristischen Stil schuf er eine Allegorie der törichten und klugen Jungfrauen. Von ihm stammen auch die vier monochromen Figuren an den Seiten, links Adam und Moses, rechts Eva und Aaron. Das Kuppelfresko (1560–70) von Bernardino Gatti, auch Sojara genannt, mit der Himmelfahrt Mariens entstand unter dem Eindruck des Kuppelfreskos von Correggio im Dom [s. S. 50].

Wenn man nun zurück zur Piazza della Pace spaziert und dann in die Via Melloni einbiegt, gelangt man zu einem wahren Juwel der Renaissance. 1519 erhielt Correggio von einer extravaganten Äbtissin seinen ersten Auftrag in Parma. *Giovanna di Piacenza*, eine hochgebildete Oberin mit einem Faible für das mondäne Gesellschaftsleben, beauftragte ihn mit der Ausmalung des Speise- und Empfangszimmers des ehemaligen Benediktinerinnenklosters San Paolo, der so genannten **Camera di San Paolo** ❻ (tgl. 8.30–14 Uhr). Eine heitere und beschwingte Atmosphäre herrscht in diesem Raum, dessen schirmförmige Decke einer Gartenlaube gleicht. Über mythologischen und allegorischen Szenen in Grisailletechnik, also in Grautönen gehaltener Malerei, tummeln sich spielende Putti. Den Kamin schmückt die ›Rückkehr der Göttin Diana‹. Nach dem Tod der Äbtissin 1524 ließ die Kurie die Wohnräume schließen. Sie wurden erst 1774 bei einem Besuch des Deutsch-Römers Anton Raphael Mengs wieder entdeckt.

Auf der *Piazza del Duomo* schlägt das Herz des mittelalterlichen Parma. Dom und Baptisterium bilden ein einzigartiges Ensemble romanischer Baukunst. Mitte des 11. Jh. wurde der **Duomo S. Maria Assunta** ❼ begonnen und Ende des 13. Jh. mit der Errichtung des gotischen Campanile fertig gestellt. Die romani-

sche Fassade mit ihren drei Portalen wird durch Zwerggalerien aufgelockert, deren oberste die Giebelschräge nachzeichnet. Durch das von zwei Säulen tragenden Löwen flankierte Hauptportal betritt man das dreischiffige **Innere**: eine Emporenbasilika mit erhöhtem Presbyterium über der Krypta, ausladendem Querschiff und Vierungskuppel. Für die Ausmalung des Domes verpflichtete man verschiedene manieristische Maler. Das virtuose **Kuppelfresko** von *Correggio* überrascht mit einer illusionistischen Darstellung der ›Himmelfahrt Mariens‹ (1526–34). Auf einem Wolkentrichter angeordnet, begleiten Trauben von Heiligen und Engeln Maria zum lichterfüllten Himmel. Nicht jeder fühlte sich bei dieser fast sinnlichen Darstellung der Körper von frommen Gefühlen erfüllt. Der damalige Dompropst sah gar ein »Froschschenkelragout« vor sich. Tizian dagegen meinte: »Wenn ihr die Kuppel umdreht und sie mit Gold auffüllt, dann werdet Ihr noch nicht so viel haben, wie sie wirklich wert

ist.« Bewunderung erregt auch die expressive ›Kreuzabnahme‹ von *Benedetto Antelami* (1178) im rechten Querarm. Das Relief gilt als ein Frühwerk dieses in der Provence geschulten Bildhauers.

Mit dem Bau des achteckigen **Battistero** ⑧ (tgl. 9–12.30 und 15–18.45 Uhr), das zwischen 1196 und 1260 entstand, betraute man als Architekt und Bildhauer Antelami. Blendarkaden und Säulengalerien gliedern den massigen Turm. Die Bogenfelder der drei Portale zeigen sich reich skulptiert: an der *Porta della Vergine* an der Nordseite eine farbig gefasste ›Anbetung der Könige‹ sowie Szenen aus dem Leben Johannes des Täufers, am Westportal eine Weltgerichtsdarstellung und am Südportal die im Mittelalter häufig dargestellte Legende vom Asketen Barlaam und der Bekehrung des Königssohnes Josaphat. Bemerkenswert ist auch der auf Augenhöhe umlaufende *Fries* mit Darstellungen von realen und fantastischen Tieren, Sirenen und Kentauren, deren abschreckende Ge-

stalt eine Unheil abwehrende Aufgabe zukam. Das eindrucksvolle **Innere** gehört zu den Höhepunkten eines Parma-Besuchs. Die Kuppel, die durch Steinrippen in 16 Felder geteilt ist, haben unbekannte Künstler 1260 – 69 in Temperafarben u. a. mit dramatischen Bildern aus dem Alten Testament ausgemalt. Die Gestaltung der Gesichter und der ausgeprägte Faltenwurf verraten deutlich byzantinische Einflüsse. Glanzpunkt der Ausstattung aber sind die **Skulpturen**, die Antelami und seine Werkstatt in den Säulengalerien geschaffen haben. Voll verhaltener Kraft und doch ausdrucksstark sind die allegorischen Monatsbilder, die Szenen bäuerlichen Arbeitens und Lebens zeigen.

Nur wenige Schritte sind es vom Domplatz zu dem bereits im 10. Jh. gegründeten Benediktinerkloster San Giovanni am gleichnamigen Piazzale. Noch heute leben hier an die 20 Mönche. Original erhalten ist die aus dem Mittelalter stam-

Links: *Einzigartiges Architekturensemble – der Dom und das Baptisterium von Parma gehören zu den eindrucksvollsten Sakralbauten der Emilia Romagna*

Unten: *Die Krönung eines meisterlichen Bauwerks – die 16 Felder der Baptisteriumskuppel wurden mit Szenen aus dem Alten Testament ausgemalt*

mende *Klosterapotheke* (Di – So 8.30 –
14 Uhr) mit ihrer kostbaren Sammlung
von Arzneigefäßen, Mörsern und Töp-
fen. Nach einem Brand Ende des 15. Jh.
musste der ausgedehnte Klosterkomplex
mit der dazugehörigenKirche **San Giovanni Evangelista** ❾ wieder aufgebaut
werden. Im Stil der Renaissance entstand
eine dreischiffige Basilika, der Anfang
des 17. Jh. eine reich geschmückte Barockfassade vorgeblendet und ein
Glockenturm angefügt wurde. Im **Inneren** unterteilen kannelierte Pfeiler den
weiträumigen und harmonischen Raum.

Beeindruckend ist die reiche Ausstattung
der Kirche mit Wandmalereien. Bedeutendste Werke sind die 1520 – 23 geschaffenen Fresken von *Correggio* und
seiner Werkstatt. Neben der Lünette über
der Tür der Sakristei, die einen jugendli-
chen Johannes beim Schreiben der Apokalypse zeigt, besticht die ›Vision des
Evangelisten Johannes‹ in der Vierungskuppel. Wie beim Dom einige Jahre später, schafft der Maler durch eine extreme
perspektivische Verkürzung einen illusionistischen Raum, der den Blick auf
den Himmel freizugeben scheint. Die

*Hier hat Parmigianino wohl zu tief ins
›Glas‹ geschaut – Selbstbildnis im Konvexspiegel, Kunsthistorisches Museum, Wien*

Parmigianino – Genie zwischen Malerei und Alchemie

Der Maler **Girolamo Francesco Maria Mazzola** *(1503–1540), nach seiner
Geburtsstadt Parma Parmigianino genannt, gehört zu den bedeutendsten
Vertretern des italienischen* **Manierismus.** *In bewusster Abkehr von den harmonischen Idealen der Hochrenaissance entwickelte er unter dem Einfluss
Correggios seinen eigenen Stil, der sich
durch überschlanke Gestalten, kühle
Farben und raffinierte Eleganz aus-
zeichnet. Geheimnisvoll und irritierend
wirken seine* **Porträts,** *ob ›La schiava
turca‹ (Galleria Nazionale, Parma), die
eine elegant gekleidete junge Frau mit
unschuldsvollem Lächeln, weit aufge-
rissenen Augen und einem Turban auf
dem Kopf zeigt, oder sein ›Selbstbildnis*

*im Konvexspiegel‹ (Kunsthistorisches
Museum, Wien), das seine Gliedmaßen
verzerrt, seinem Gesicht aber das en-
gelsgleiche Aussehen belässt. Er liebte
das Spiel mit optischen Täuschungen,
anatomischen Übertreibungen und fast
unwirklichen Farben.*

*Nach Aufenthalten in Mailand, Rom
und Bologna kehrte er nach Parma
zurück, wo er 1531 mit der Ausmalung
von Apsis und Chorbogen der Kirche*
S. Maria della Steccata *betraut wurde.
Was in 18 Monaten vollendet werden
sollte, dauerte schließlich Jahre, denn
der Künstler wurde abgelenkt vom Zau-
ber der* **Alchemie.** *Vasari, der Vater der
Kunstgeschichtsschreibung, berichtet,
wie Parmigianino den ganzen Tag damit zubrachte, mit Kohlen, Holz und
Glasflaschen zu hantieren, »wofür er an
einem Tag mehr ausgab, als er mit der
Arbeit einer Woche in der Kapelle der
Steccata verdiente.« Die Mönche waren
verärgert und ließen ihn, in der Hoff-
nung, ihn zur Vernunft bringen zu können, verhaften. Doch es nutzte nichts. Er
schuf zwar noch einige* **Meisterwerke**
*wie die ›Madonna mit dem langen Hals‹
(Uffizien, Florenz), doch ansonsten versuchte er weiterhin Quecksilber in Gold
zu verwandeln. Als die Mönche seinen
Auftrag in S. Maria della Steccata an
Giulio Romano weitergaben, zog er
sich, inzwischen zum Sonderling gewor-
den, nach* **Casalmaggiore** *zurück, »mit
langem, ungepflegtem Bart und Haupt-
haar (…) schlecht gepflegt, melancho-
lisch und seltsam.« In seinem Testament
verlangte er, nach seinem Tode nackt
bestattet zu werden. Wenig später starb
er nur 37-jährig, vermutlich an einer*
alchemistischen *Vergiftung.*

Klein-Versailles – vor den Toren der Stadt vergnügten sich die Herzöge von Parma in ihrer herrschaftlichen Sommerresidenz

Bögen der 1., 2. und 4. Kapelle des linken Seitenschiffes bergen einige Wandmalereien (1522) des jungen Parmigianino. Besonders die Figur der hl. Agatha zeigt die für seine Malweise typische zarte Linienführung und vornehme Gestik.

Vom Domplatz schlendert man entlang der Strada Cavour zur belebten **Piazza Garibaldi** ❿, dem heutigen Mittelpunkt der Stadt. Im Schatten der ockerfarbenen Fassade des *Palazzo del Governatore* laden Straßencafés zur Rast ein.

Ausflüge

Ein Pilgerziel für Musikliebhaber ist der neoklassizistische **Cimitero della Villetta** südwestlich vom Zentrum, wo der Geigenvirtuose Niccolò Paganini begraben liegt. In Genua hatte man ihm wegen angeblicher Gottlosigkeit eine kirchliche Bestattung verwehrt.

In **Colorno**, nur 15 km nördlich von Parma gelegen, kann man die auch ›Klein-Versailles‹ genannte Sommerresidenz der Herzöge von Parma, den *Palazzo Ducale* (nur im Rahmen von Führungen März – Nov. Sa/So/Fei 10, 11, 15, 16 und 17 Uhr, April – Okt. auch Di – Fr 11 und 16 Uhr. Während der Ausstellungen keine Führung durch den *Piano Nobile*) besichtigen. Im 17. Jh. baute der Theaterarchitekt *Ferdinando Bibiena* einen älteren Palast zu einem prächtigen Schloss aus und schuf die eindrucksvolle Fassade der Vierflügelanlage. Unter den Bourbonen wurden zwar Ausstattung und Kunstsammlungen nach Neapel gebracht, doch schon kurz darauf beauftragte man Ennemond-Alexandre Petitot mit der Umgestaltung der Herzogsgemächer im Stil des Neoklassizismus. Die zwischenzeitlich verfallene Anlage wurde restauriert und ist heute wieder öffentlich zugänglich.

Praktische Hinweise

Information: IAT Parma, Via Melloni 1a, Tel. 05 21 21 88 89/-55, Fax 05 21 23 47 35, Internet: http://turismo.comune.parma.it. Mo–Sa 9–19 Uhr, So 9–13 Uhr

Hotels

**** **Park Hotel Stendhal**, Via Bodoni 3, Tel. 05 21 20 80 57, Fax 05 21 28 56 55. Modernes Haus mit gutem Restaurant. Die mit Stilmöbeln eingerichteten Zimmer erinnern an die Zeit Marie Louises.

*** **Torino**, Borgo A. Mazza 7, Tel. 05 21 28 10 46, Fax 05 21 23 07 25, Internet: www.hotel-torino.it. Schlichtes Haus in der Nähe des Teatro Regio.

Ostello Cittadella, Parco Cittadella 5, Tel. 05 21 96 14 34. 1,5 km außerhalb vom Stadtzentrum gelegene Jugendherberge mit 50 Betten.

Restaurants

Antica Cereria, Via Tanzi 5, Tel. 05 21 20 73 87. Malerische Osteria in einer ehemaligen Kerzenzieherei im Arbeiterviertel jenseits des Parma. Herz-

53

haft-ländliche Küche. Nebenan steht Toscaninis Geburtshaus (Mo und mittags geschl.).

Antica Osteria Fontana, Via Farini 24a, Tel. 05 21 28 60 37. Enoteca mit hauseigenem Wein und ausgewählten italienischen und französischen Tropfen, dazu emilianische Schmankerln (abends nur bis 21 Uhr, So/Mo geschl.).

Il Cortile, Borgo Paglia 3, Tel. 05 21 28 57 79. Osteria mit gehobener Küche sowie schöner Veranda und Garten (So geschl.).

Parizzi, Via Repubblica 71, Tel. 05 21 28 59 52. Die beste und innovativste Küche der Stadt. Seit 50 Jahren in den Händen der Familie Parizzi. Spezialität im Sommer: marinierter Lachs (Mo geschl.).

10 Busseto

Auf den Spuren Verdis.

In der flachen Landschaft der Bassa mit ihren weiten Kornfeldern liegt das Städtchen Busseto. Bis Ende des 16. Jh. war es Hauptstadt des kleinen *Fürstentums der Pallavicino*. Seine eigentliche Geschichte beginnt aber erst im Jahr 1813, als im 6 km entfernten Weiler **Le Roncole** Giuseppe Verdi geboren wird. Als Opern-

Ganz Busseto liegt ihm zu Füßen – Statue von Giuseppe Verdi auf der nach dem großen Komponisten benannten Piazza

komponist und glühender Verfechter der Nationalstaatsbewegung wurde er zum italienischen Nationalhelden.

Sein Geburtshaus, **Casa Natale di Giuseppe Verdi** (Di–So 9.30 – 12.30 und 15 – 19 Uhr, Jan. geschl.), ein schlichtes, heute mit nur wenigen nachgebauten Möbeln der Epoche ausgestattes Backsteingebäude, in dem sein Vater Carlo eine Osteria und einen kleinen Krämerladen besessen hatte, wurde bereits einen Tag nach seinem Tod 1901 zum Nationaldenkmal erklärt. In der benachbarten Kirche *San Michele* steht noch immer die Orgel, auf der Giuseppe Verdi als Schüler jeden Sonntag die Messe begleitete.

Als Hochburg des Verdi-Kults gilt jedoch Busseto. Hier besuchte er das Gymnasium, hier erhielt er seinen ersten Musikunterricht, und hier begegnete er seinem Mäzen Antonio Barezzi, dessen Tochter seine erste Frau werden sollte. Auf der zentralen **Piazza Verdi** ehrt die Stadt ihren berühmten Sohn mit einer Statue. Gelassen, fast als könne er den ganzen Rummel um seine Person nicht verstehen, blickt der Komponist von oben auf seine Fangemeinde. In unmittelbarer Nähe erhebt sich die **Rocca dei Pallavicino** (13. Jh.), die Anfang des 20. Jh. in neugotischem Stil umgebaut wurde. Im Inneren beherbergt sie das Rathaus und das in goldenem Stuckwerk und rotem Samt glänzende **Teatro Verdi** (März– Okt. Di–So 9.30 – 12.30 und 15 – 19 Uhr), das die Stadt noch zu Lebzeiten des Komponisten errichten ließ.

Von der Festung zieht sich die arkadengesäumte Via Roma schnurgerade durch das Städtchen. In den Auslagen zahlreicher Geschäfte liegen schwarze Verdi-Hüte sowie Schachteln und Torten mit Verdi-Porträts oder Opernmotiven. Ein Muss ist die historische ›*Osteria Baratta*‹ (Nr. 76), wo Verdi-Fan Lino kulinarische Köstlichkeiten, wie *Culatello*, *Fiochetto* oder *Parmigia*no serviert. Nicht wenige Palazzi und Bürgerhäuser präsentieren sich als Erinnerungsstätte. In der **Casa Barezzi** (Nr. 119; tgl. 10 – 12.30 und 15 – 18 Uhr), dem Haus seines Schwiegervaters, trat Verdi zum ersten Mal öffentlich auf. Ein Klavier, Briefe und Schriftstücke erinnern an den Maestro. In seinem heute noch weitgehend original eingerichteten Wohnhaus, dem **Palazzo Orlandi** (Nr. 56), komponierte Verdi den ›Stiffelio‹ und den ›Rigoletto‹. Von den biederen Bürgern Bussetos wur-

Giuseppe Verdi – Nationalheld und Opernkomponist

›Aida‹, ›La Traviata‹, ›Rigoletto‹ oder ›Il Trovatore‹, um nur einige der **27 Opern** Verdis (1813 – 1901) zu nennen, fehlen auf keinem Spielplan. Spätestens seit Luciano Pavarotti, dem Startenor aus Modena, sind die großen Verdi-Arien so bekannt wie Schlager. Seinen ersten großen Erfolg errang der Komponist mit ›**Nabucco**‹ (1842), dessen Gefangenenchor bald zur geheimen Nationalhymne Italiens avancierte (»Eile dahin, Du Gedanke auf goldenen Schwingen ...«). Die Behandlung historischer Stoffe wie die ›Schlacht von Legnano‹ machte ihn zu einer Symbolfigur der italienischen Einigungsbewegung. Während des Risorgimento konnte man an vielen Hauswänden **Viva V.E.R.D.I.** lesen, eine Hommage an den Komponisten, aber gleichzeitig auch ein Krypto-

Der große Komponist Giuseppe Verdi in einer Pastellzeichnung von 1886

gramm für den als italienischen Monarchen ersehnten Savoyerkönig (**V**ittorio **E**manuele **R**e d'**I**talia). Rückblickend nannte Verdi diese Zeit seine ›Galeerenjahre‹. In zehn Jahren schrieb er allein 15 Opern, um den Hunger seines Publikums nach immer neuen Stücken zu stillen. Zeit für eine vertiefte charakterliche Darstellung der Figuren blieb da kaum. Dies änderte sich ab dem ›**Rigoletto**‹. Die Charaktere wurden differenzierter, statt isolierter Nummern stellte der Komponist durch wiederkehrende musikalische Motive szenische Bezüge her. Nach vielen Melodramen beendete Verdi sein Schaffen zum Erstaunen aller mit einer komischen Oper: ›**Falstaff**‹. Die große Belcanto-Tradition weicht hier einem vielstimmigen Parlando. Mit Lachen und Humor und einem pointierten »Tutto nel mondo è burla« nimmt Verdi Abschied von der Musik.

Kleinod – die stolzen Stadtväter von Busseto errichteten ihrem berühmtesten Sohn noch zu Lebzeiten ein eigenes Theater

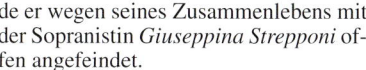

de er wegen seines Zusammenlebens mit der Sopranistin *Giuseppina Strepponi* offen angefeindet.

1851 kehrte Verdi der Stadt daher den Rücken und bezog zusammen mit Giuseppina Strepponi die 3 km entfernte **Villa di Sant'Agata** (Di – So 9 – 11.45 und 15 – 18.45, Okt. – März Di – So 9 – 11.45 und 14.30 – 17.30 Uhr) Der passionierte Landwirt verwandelte das Anwesen in ein Mustergut, kaufte Ländereien auf, überwachte persönlich Saat und Aussaat und versuchte mit einer englischen

Dampfmaschine, die Felder künstlich zu bewässern. In der Villa, die heute von Nachfahren Verdis bewohnt wird, kann man einige der gediegenen Wohnräume besichtigen wie das Schlafzimmer der Strepponi, das Studio des Komponisten und das Sterbezimmer aus dem Hotel in Mailand, in dem er verschied.

Praktische Hinweise

Information: Uffico Turistico Busseto, Piazza G. Verdi 10,

Aus einfachen Verhältnissen – Geburtshaus Verdis in Le Roncole

Tel. 0 52 49 24 87, Fax 05 24 93 17 40, Internet: www.bussetolive.com. Sommer Di – So 9.30 – 12.30 und 15–19, Winter bis 17.30 Uhr

Hotel

*** **I Due Foscari**, Piazza Rossi 15, Busseto, Tel. 05 24 93 00 31, Fax 0 52 49 16 25. Das vom Sohn des Tenors Bergonzi geleitete bühnenreife Hotel lässt sich von der gleichnamigen Oper Verdis inspirieren.

Restaurants

Campanini, Via Roncole Verdi 136, Madonna dei Prati, Tel. 0 52 49 25 69. Alteingesessene Trattoria gegenüber der Kirche, in der Verdi Messknabe war. Legendär sind die *Spalla cotta* (Schweineschulter) und der *Culatello* (emilianische Schinkenspezialität) sowie die hausgemachte Pasta (Di/Mi geschl.).

Trattoria Vernizzi, Via Frescarolo 24, Frescarolo, Tel. 0 52 49 24 23. Zwischen alten Fotografien und Gemälden aus der Verdi-Zeit genießt man den guten Hauswein und die bodenständigen Gerichte (Mo/Di geschl.).

11 Salsomaggiore Terme

Jugendstil-Kurort und romanischer Dom.

Eingebettet in die Tiefebene um Parma liegt Salsomaggiore Terme an den Ausläufern des Apennin. Das wohl bekannteste Thermalbad der Region besitzt salz- und jodhaltige Quellen, die bereits im Altertum zur Salzproduktion genutzt wurden. Der Aufstieg zu einem **Kurort** europäischen Ranges begann im 19. Jh., als der Arzt Lorenzo Berzieri die Heilwirkung der Quellen erkannte. Schon bald begann man mit dem Bau prunkvoller Hotels und Kurgebäude wie die nach ihrem Entdecker benannte **Terme Berzieri** (1913 – 23). Als es Ende des 19. Jh. schick wurde zu kuren, trafen sich in den marmornen Wandelhallen mit ihren orientalisierenden Jugendstilornamenten und plätschernden Brunnenbecken europäischer Hochadel und weltbekannte Künstler. Mit gut 100 Hotels verschiedener Kategorien und über 1,5 Mio. Übernachtungen pro Jahr ist in Salsomaggiore Terme das elitäre Flair inzwischen in den Hintergrund getreten. Nur einmal im Jahr, zur Wahl der *Miss Italia* Anfang September, rückt der Kurort erneut ins Scheinwerferlicht der Medien.

Ausflüge

Das nur 10 km entfernte Städtchen **Fidenza**, eine römische Gründung, war im Mittelalter wichtige Station der Via Francigena, der Pilgerstraße nach Rom. Im Jahr 291 n. Chr. soll hier der hl. Donnino sein Martyrium erlitten haben, weshalb der Ort bis zur Umbenennung unter Mussolini, der 1927 wieder die antike Ortsbezeichnung durchsetzte, auch *Borgo San Donnino* hieß. Der **Duomo San Donnino** wurde 1207 im romanischen Stil begonnen und Anfang des 14. Jh. gotisch vollendet. Als Juwel romanischer Kunst gilt der figürliche Schmuck der unvollendeten Doppelturmfassade. *Benedetto Antelami* schuf die Figuren der Propheten Daniel und Ezechiel, die das Mittelportal flankieren. Ein Reliefband mit Szenen aus der Kindheit Jesu und dem Leben des Kirchenpatrons zieht sich quer über die Fassade. Im *Inneren* der querschifflosen Emporenbasilika, die sich in der Architektur an den Dom von Modena anlehnt, findet man weitere Skulpturen aus der Werkstatt des Antelami, z. B. die Figurengruppe der ›Thronenden Madonna mit Kind‹ in der Krypta.

Nur 12 km südwestlich von Salsomaggiore liegt das malerische **Vigoleno**, das sich rund um eine Ritterburg entwickelt hat. Enge kopfsteingepflasterte Sträßchen führen durch den mauerbewehrten Ort. Die romanische Pfarrkiche *San Giorgio*, dem Schutzpatron der christlichen Ritter geweiht, besticht durch die von einem Antelami-Schüler in der Lünette geschaffene Darstellung des ›Hl. Georg im Kampf gegen den Drachen‹.

Oben: *Ornamentfreude – die verspielte Jugendstilhalle der Terme Berzieri begeistert durch ihr elegantes Design*

Unten: *In den stilvollen Terme Berzieri kurten im 19. Jh. Adel und Prominenz*

Praktische Hinweise

Information: IAT, Viale Romagnosi 7, Tel. 05 24 58 02 11, Fax 05 24 58 02 19, Internet: http://turismo.comune. salsomaggiore-terme-pr.it. Mo – Sa 9 – 12.30 und 15.30 – 18.30, So 10 – 12.30 Uhr

Hotels

**** **Porro**, Viale Porro 10, Tel. 05 24 57 82 21, Fax 05 24 57 78 78, Internet: www.grandhotel-porro.it. Jugendstilhaus mit Türkischem Bad und Thermalschwimmbad in großem Park.

*** **Ritz**, Viale Milite Ignoto 5, Tel. 05 24 57 77 44, Fax 05 24 57 44 10, Internet: www.wel.it/Hritz. Hotel in zentraler und dennoch ruhiger Lage mit Thermalschwimmbad.

Restaurant

Bellaria, Via Bellaria 14, Tel. 05 24 57 36 00. Trattoria vor den Toren der Stadt. Spezialitäten des Hauses sind von Wirt Enrico selbst gesammelte Pilze und Trüffel (Mo geschl.).

12 Fontanellato

Parmigianino-Fresken in einer Wasserburg.

Das Städtchen Fontanellato entstand im 14. Jh., als die Familie Sanvitale hier die **Rocca Sanvitale** errichten ließ (Besichtigung nur mit Führung April – Okt. Di – So 9.30 – 11.30 und 15 – 18 Uhr, Nov. – März bis 17 Uhr). Noch heute bildet die imposante Wasserburg, eines der schönsten Beispiele feudaler Profanarchitektur der Region, das Zentrum der 6000-Seelen-Gemeinde. Die quadratische Anlage mit vier Ecktürmen wird von einem 3 m tiefen Wassergraben umgeben. Die kleinen Balkone und Fenster sind eine Zufügung des 17. Jh. Vom Waffensaal über den Empfangssaal mit der bemalten Holzdecke führt die Besichtigung zum Hochzeitszimmer mit Möbeln aus dem 17. Jh. Glanzpunkt der Ausstattung ist das von *Parmigianino* 1523 ausgemalte **Boudoir** für die schöne Paola Gonzaga, Ehefrau von Galeazzo Sanvitale. Unter dem Eindruck der *Camera di San Paolo* von Correggio in Parma [s. S. 49] bemalte Parmigianino das Gewölbe mit Putti vor einer dicht bewachsenen Laube, die sich scheinbar zum Himmel öffnet. In 14 Lünetten erzählt er den aus Ovids Metamorphosen bekannten Mythos von ›Diana und Aktaion‹. Weil dieser der jungfräulichen, hier mit den Zügen der Auftraggeberin dargestellten Diana beim Bade zugeschaut hatte, verwandelte sie ihn in einen Hirsch, der dann von seinen eigenen Hunden zerfleischt wurde. Die vornehm-gezierten Gesten der Figuren, das von einer kunstvollen Frisur umrahmte ovale Gesicht der Diana und die schlanken Putti verraten bereits manieristische Züge. Ein Kuriosum ist die **Camera Ottica** mit einer ausgeklügelten Spiegelkonstruktion (Anfang des 19. Jh.), die es erlaubte, das Geschehen vor der Burg zu beobachten. Auf der dortigen Piazza findet jeden Donnerstag ein *Markt* und jeden 3. Sonntag im Monat ein Antiquitätenmarkt statt.

Praktische Hinweise

Hotel
**** **Locanda del Lupo**, Via Garibaldi 64, Soragna, Tel. 05 24 59 71 00, Fax 05 24 59 70 66, Internet: www. locandadellupo.com. Schönes Haus aus dem 18. Jh. mit stilvollen Zimmern.

Restaurant
Locanda Nazionale, Via A. Costa 7, Tel. 05 21 82 26 02. Bodenständige Küche zu günstigen Preisen (Mo geschl.).

Abweisendes Bollwerk – das Wasserschloss von Fontanellato mit seiner massigen, strengen Fassade entfaltet seine Pracht erst im Inneren

Trotz aller Ecken und Kanten zählt das Castello di Torrechiara mit seinem bewegten Baukörper zu den schönsten Burgen Oberitaliens

 13 Castello di Torrechiara

Felsiges Liebesnest.

Wie ein verwunschenes Traumschloss erhebt sich das Castello di Torrechiara (April – Sept. Di – So 8.30 – 19, sonst Di – Fr 8.30 – 16, Sa/So 9 – 17 Uhr) auf einem Hügel hoch über dem Parma-Fluss. Die von einem der mächtigsten Feudalherren der Region, *Pier Maria Rossi*, Graf von Berceto, in Auftrag gegebene Anlage gilt als eines der schönsten Beispiele oberitalienischer Festungsarchitektur des 15. Jh. Die von einem dreifachen Mauerring umgebene und mit mächtigen Ecktürmen bewehrte Burg blieb trotz späterer Eingriffe wunderbar erhalten. Auch das *Innere* ist sehenswert, besonders die mit Fresken und Wandfliesen geschmückte **Camera d'Oro**. In kostbaren Farben ließ der Graf an den Wänden seine Liebe zur schönen *Bianca Pellegrini* festhalten. Von den Fliesen wurde zwar die Vergoldung gekratzt, geblieben aber sind die Wappen der Rossi (Löwe) und der Pellegrini (Turm), die

von Kronen umfassten zwei Herzen und die in sich verschlungenen Initialen. Die Lünetten zeigen vier Momente ihrer Liebe: ›Amor schießt seine Pfeile ab‹, ›Pier Maria erklärt sich zum Diener Biancas‹, ›Bianca krönt Pier Maria zum Dichter‹ und ›Bianca und Pier Maria als Paar‹. Um die Figuren besonders prächtig erscheinen zu lassen, verwandte der Brescianer Maler *Benedetto Bembo* Metallauflagen, die allerdings im Laufe der Zeit oxidierten, weshalb die Gesichter heute dunkel erscheinen. Im Kreuzgewölbe ist Bianca nochmals übergroß als Pilgerin dargestellt, wie sie durch das Land ihres Geliebten reist. Jede Burg, jeder Berg, jeder Fluss ist namentlich bezeichnet.

Praktische Hinweise

Restaurant
Alla Luna Piena, Via per Neviano 65, Traversetolo, Tel. 05 21 84 26 68. Typische Antipasti und Gerichte der Gegend, wie *Culatello* aus Zibello, *Salame* aus Felino und *Cappelletti in brodo*, kleine Teighütchen in Brühe (Mo/Di geschl.).

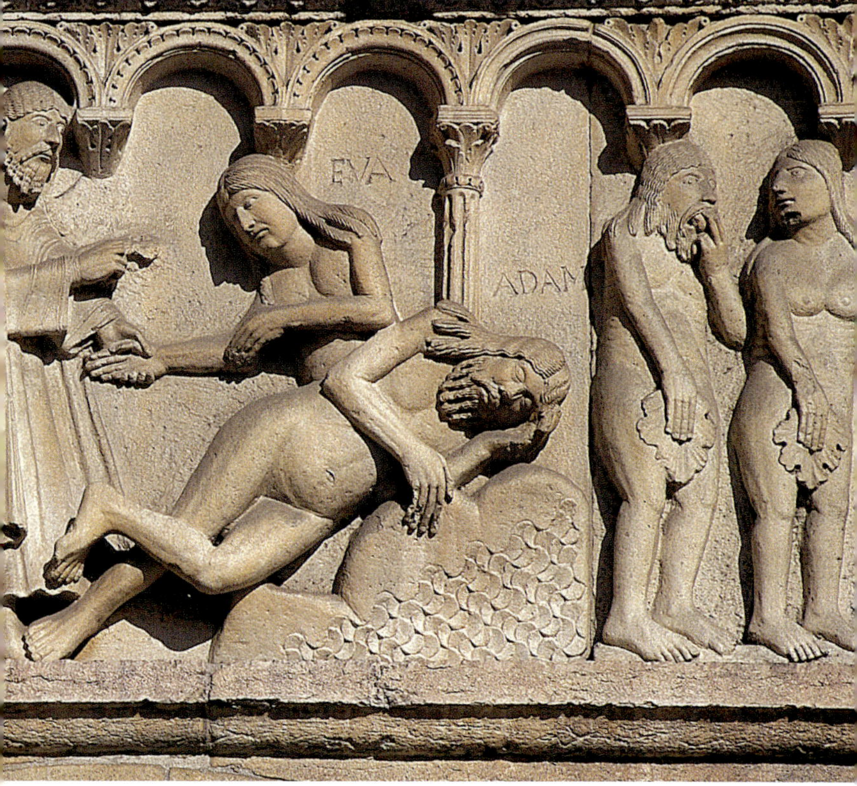
EVA
ADAM

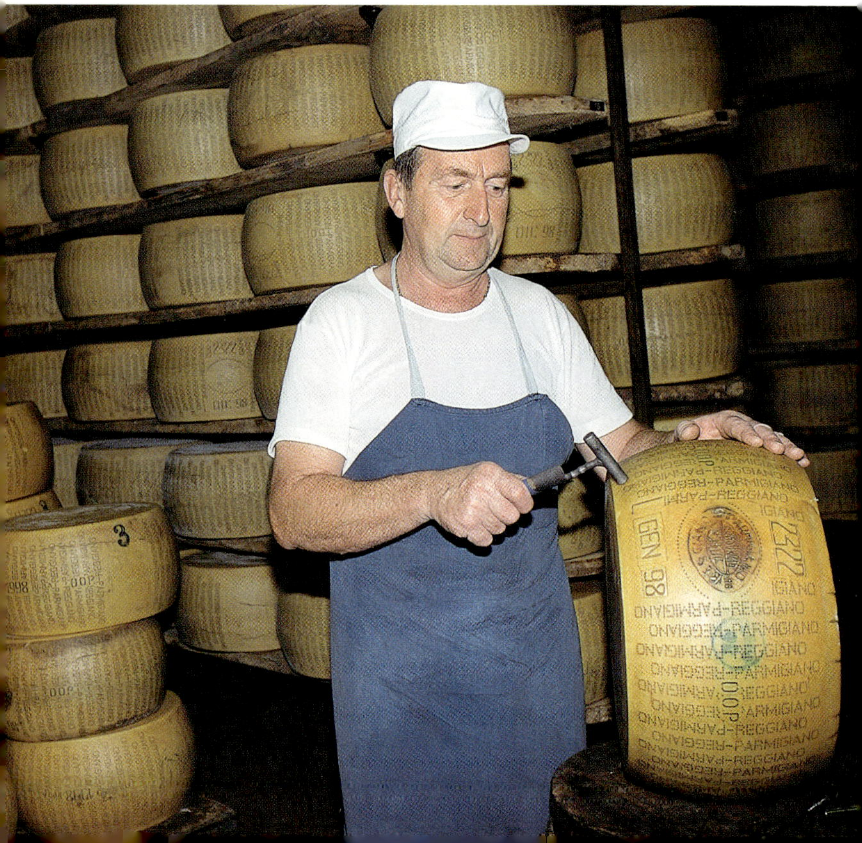
GEN 98
2322
PARMIGIANO-REGGIANO
D.O.P.

Zwischen Reggio Emilia und Modena – von großen Hitzköpfen und romanischen Meisterwerken

Die Provinz **Reggio Emilia** ist eine Region voller Leidenschaft: In der eher ländlichen gleichnamigen Provinzhauptstadt nahm der Freiheitswille der Italiener Ende des 18. Jh. seinen Ausgang. Hier hissten Revolutionäre erstmals die grün-weiß-rote Trikolore, die später zur Fahne des geeinten Landes werden sollte. An zwei besondere Hitzköpfe erinnert der kleine Ort **Brescello** in der Bassa von Reggio: *Don Camillo und Peppone*. Und vor der Burg von **Canossa** ließen es zwei auswärtige Herrscher, Salierkönig Heinrich IV. und Papst Gregor VII., im 11. Jh. auf eine spektakuläre Machtprobe ankommen. Rund um **Modena** lässt man lieber Bilder aus Stein sprechen. An den Kirchenbauten der Provinzhauptstadt selbst und dem nahen **Nonantola** locken romanische Meisterwerke von *Bildhauer Wiligelmus* und seinen Schülern. Und auch die Küche kommt in diesen beiden Provinzen nicht zu kurz. Der kostbare Essig *Aceto Balsamico* aus Modena, der mindestens zwölf Jahre reifen muss, und der in Reggio und Umgebung hergestellte *Parmigiano Reggiano* sind aus der italienischen Küche nicht mehr wegzudenken.

14 Reggio Emilia   *Plan Seite 62*

Geburtsort der italienischen Flagge.

Von allen Städten der Emilia hat sich Reggio, trotz rund 146 000 Einwohnern und zahlreicher Industriebetriebe, seinen ländlichen Charakter am stärksten bewahrt. Ganz und gar nicht dörflich allerdings präsentiert sich der historische Altstadtkern, der von repräsentativen Bauten des Mittelalters, der Renaissance und des Barock geprägt wird.

Geschichte Der Ort Reggio wurde 175 v. Chr. von den **Römern** als Durchgangsstation an der wichtigen Handelsstraße Via Emilia gegründet. Nach den Wirren der Völkerwanderung unterstand er bis zum 11. Jh. den Markgrafen von Ca-

nossa und gehörte dann ein Jahrhundert später zu den ersten **freien Stadtrepubliken**. Nach internen Parteienkämpfen und tyrannischen Signorien geriet die Kommune Ende des 13. Jh. unter die Herrschaft der Este, die bis 1796 andauern sollte. In dieser Zeit entstanden zahlreiche prächtige Stadtpaläste und Kirchen. Einen Platz in den Geschichtsbüchern sicherte sich Reggio, als es am 7. Januar 1797 gemeinsam mit den freien Städten Modena, Bologna und Ferrara bei der Gründungsversammlung der ›Cispadanischen Republik‹ die **grün-weiß-rote Trikolore** hisste, die spätere Fahne des geeinten Italien. Die rasche Industrialisierung der Nachkriegszeit, mit Schwerpunkt auf der Herstellung landwirtschaftlicher Maschinen, ließ die Stadt schnell über ihre bisherigen Grenzen hinauswachsen.

Besichtigung Die **Piazza Prampolini**, von den Einheimischen schlicht Piazza Grande genannt, ist das weltliche und religiöse Zentrum von Reggio. Gesäumt wird der Platz von mehreren stattlichen Palästen, u. a. dem **Palazzo del Comu-**

◁ **Oben:** *Der Sündenfall – nach nur kurzem Gastspiel droht Adam und Eva die Vertreibung aus dem Paradies*

Unten: *Klopfzeichen – die Herstellung des Parmigiano Reggiano ist eine Wissenschaft für sich*

Auf der von stattlichen Palazzi gesäumten Piazza Prampolini in Reggio Emilia trifft man sich allmorgendlich zum Markt

ne **1** (Mo–Fr 8.30–13, Di, Do auch 15–17.30 Uhr), der in der prächtigen *Sala del Tricolore* (Besichtigung nach Voranmeldung, Tel. 05 22 45 61) die Originaltrikolore von 1797 hütet, und dem seit dem 9. Jh. mehrfach umgebauten, aber nie vollendeten **Duomo 2**. Die massivsten Eingriffe erfuhr der Sakralbau im 16. Jh., als die Fassade teilweise mit Marmor verkleidet und die

Kirche mit einer Vierungskuppel und einem neuen Chor versehen wurde. An der Fassadenspitze erhebt sich ein achteckiger Turm mit einer vergoldeten Madonna von *Bartolomeo Spani* (1468–1539). Der Architekt und Bildhauer stammte aus der führenden Reggianer Künstlerfamilie des 16. Jh. Die Statuen von Adam und Eva im Giebelfeld schuf sein Enkel *Prospero Sagari* ebenso wie

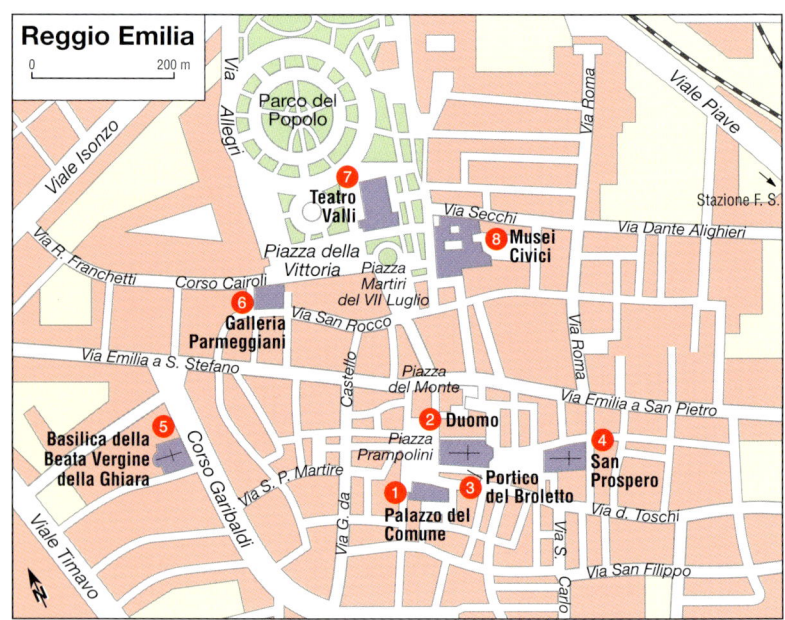

das höchst imposante Grabmal für den Bischof Ugo Rangone in der rechten Seitenapsis (1566).

Durch den malerischen, Ende des 15. Jh. angelegten **Portico del Broletto** ❸ gelangt man zur Piazza San Prospero. Hier wird seit jeher Markt gehalten. Wie steinerne Zeugen aus einer anderen Welt blicken sechs Löwen auf das geschäftige Treiben vor der dem Stadtpatron geweihten Kirche **San Prospero** ❹. Vier von den Tierplastiken dienten als Säulenbasen für die Portale des mittelalterlichen Vorgängerbaus, der ab 1514 dem Neubau der dreischiffigen Basilika weichen musste. Mitte des 18. Jh. blendete man der Renaissancekirche eine barocke Schaufassade vor. Den achteckigen Campanile errichteten die Brüder Pacchioni 1536 – 51 (unvollendet). Glanzpunkt des *Inneren* war das 1528 von Correggio geschaffene Altargemälde ›Die heilige Nacht‹ in der 5. Kapelle des rechten Seitenschiffes. 1745 wurde es wie so viele andere Gemälde aus Reggio und Modena von den Este an den Kurfürsten August von Sachsen nach Dresden verkauft. Heute hängt hier eine Kopie des Werkes von Jean Boulanger. Die Apsis freskierten *Camillo Proccaccini* und *Bernardo Campi* 1597/98 mit der Darstellung des Jüngsten Gerichts. Bildaufbau und Figuren wie die Posaune blasenden Engel sind dem Jüngsten Gericht von Michelangelo in der Sixtinischen Kapelle in Rom verpflichtet.

Aus der Familie der Pacchioni stammt auch Francesco, den man mit dem Bau der westlich des historischen Altstadtkerns gelegenen **Basilica della Beata Vergine della Ghiara** ❺ betraute. In denn Jahren 1597 bis 1619 wurde die Kreuzkuppelkirche mit verlängerter Apsis aus Spendengeldern der Bevölkerung erbaut. Den äußerst harmonischen Innenraum stattete man im 17. Jh. überreich mit vergoldeten Stuckaturen, farbenfrohen Fresken, Marmorskulpturen und Gemälden von emilianischen Meistern aus. Die Fresken, die nach der Restaurierung nun wieder in neuem Glanz erstrahlen, folgen einem theologischen Programm, in dessen Mittelpunkt Maria steht. Antike Sybillen und Frauen aus dem Alten Testament werden als ihre Vorläuferinnnen dargestellt. Maria selbst verherrlichen das Deckengewölbe und die Apsis. Die ›Kirche der Frauen‹ nennen die Reggianer die Basilika wegen der Vielzahl weiblicher Figuren.

Blick aus den Arkaden des Rathauses auf die lebhafte Piazza Prampolini

Vom Corso Garibaldi gelangt man über die Piazza Gioberti auf die verkehrsberuhigte *Via Emilia*, die seit 2000 Jahren die Hauptstraße der Stadt ist. Von hier führt die Via Monzermono zur **Galleria Par-**

Verdammt in alle Ewigkeit – Darstellung des Jüngsten Gerichtes in San Prospero in Reggio Emilia

Grün-weiß-rote Träume – in der Sala del Tricolore im Palazzo del Comune wird die Originaltrikolore aufbewahrt

meggiani **6** (Mo – Fr 9 – 12, Sa 9 – 12 und 15 – 19 Uhr, So 10 – 13 und 15 – 19 Uhr). Zu den Beständen des Museums gehören Waffen, Schmuck, kostbare Gewänder und Gemälde, darunter der ›Segnende Christus‹ von El Greco. Beim Stifterehepaar siegte offensichtlich zeitweise die Begeisterung über die Fachkenntnis, denn bei einigen Waffen und Schmuckstücken handelt es sich lediglich um ausgezeichnete Fälschungen.

An der nahen Piazza Martiri del VII Luglio kann mit dem Mitte des 19. Jh. entstandenen klassizistischen **Teatro Valli** **7** (Besichtigung nach Voranmeldung, Tel. 05 22 45 88 11) einer der schönsten Theaterbauten Italiens bewundert werden. Der

Von Kopf bis Fuß auf Skulpturen eingestellt – Musei Civici in Reggio Emilia

in Gold und Samtrot getauchte Theatersaal blieb ebenso erhalten wie der Originalvorhang, auf dem die kulturelle Vergangenheit Italiens verherrlicht wird. Heute gilt das Teatro Valli als angesehene Schmiede für angehende Ballettkünstler. In einem einstigen Franziskanerkloster in unmittelbarer Nachbarschaft sind die **Musei Civici** **8** untergebracht (Mo – Fr 9 – 12, Sa 9 – 13 und 15 – 19, So 10 – 13 und 15 – 19 Uhr), die durch ihre interessanten naturwissenschaftlichen, kunstgeschichtlichen und archäologischen Sammlungen beeindrucken. Besondere Beachtung verdienen die figürlichen Mosaikfragmente verschiedener Reggianer Kirchen aus dem 12. Jh. In der prähistorischen Abteilung im 1. Stock bestechen die berühmte, nur 20 cm messende *Venus von Chiozza* aus der Jungsteinzeit und die etruskischen Grabstelen aus Rubiera (620 – 580 v. Chr.).

Praktische Hinweise

Information: IAT Reggio Emilia, Piazza Prampolini 5c, Tel. 05 22 45 11 52, Fax 05 22 43 67 39, Internet: www. municipio.re.it/turismo. Mo – Sa 8.30 – 13 und 14.30 – 18, So 9 – 12 Uhr

Hotels

TOP TIPP **** **Posta**, Piazza del Monte 2, Tel. 05 22 43 29 44, Fax 05 22 45 26 02, Internet: www.hotelposta.re.it. Wo einst der Capitano del Popolo seinen Sitz hatte, kann man sich heute in stilecht eingerichtete Zimmer einquartieren. Feine Unterkunft in einem 700 Jahre alten Palazzo unweit der zentralen Piazza Prampolini.

*** **Park Hotel**, Via De Ruggero 1, Tel. 05 22 29 21 41, Fax 05 22 29 21 43. Helle Zimmer und ein schöner Garten.

Ostello della Ghiara, Via Guasco 6, Tel. 05 22 45 23 23, Fax 05 22 43 32 66. Modern eingerichtete Jugendherberge mit 90 Betten in der Nähe der gleichnamigen Kirche.

Restaurants

Cantina del Carbone, Via del Carbone 4d, Tel. 05 22 45 22 87. Regionale Küche vom Feinsten. Spezialitäten sind z. B. *Erbazzone*, Spinattorte oder *Tigelle*, Fladen, die mit Rosmarin, Knoblauch und Parmesankäse bestrichen werden (So/Mo abends geschl.).

Cinque Pini – Da Pelati, Via Martiri di Cervarolo 46, Tel. 05 22 55 36 63. Nichts für Kalorienzähler: *Bollito con zampetti e cotechino*, gemischtes Gesottenes mit Schweinsfüßchen und Kochwurst. Viele Gerichte sind mit Balsamessig gewürzt (Di abends und Mi geschl.).

15 Bassa von Reggio

Im Land von Don Camillo und Peppone.

Nördlich von Reggio, dort, wo endlose Pappelalleen dem Lauf des Po folgen, erstreckt sich die *Bassa*, die Tiefebene des mächtigen Flusses. Viele der kleinen, heute eher unbedeutenden Orte durften sich zur Zeit der Renaissance Hauptstädte winziger Territorialstaaten nennen.

Durch ebene Landschaft geht es in das etwa 20 km nördlich von Reggio gelegene **Novellara**, das vier Jahrhunderte lang von einer Nebenlinie der Gonzaga beherrscht wurde. Über der Altstadt mit ihren Laubengängen thront die *Rocca dei Gonzaga*. Heute beherbergt die im 14. Jh. errichtete Festung neben einem *Museum für bäuerliche Kultur* eine Sammlung von Apothekervasen sowie die manieristischen Fresken des Hofmalers *Lelio Orsi* (1511–1587), die einst die Rocca und das nahe gelegene Gonzaga-Jagdschlösschen Casino di Sopra schmückten.

Parmigiano Reggiano – ein Käse wie aus dem Schlaraffenland

*Bereits der große Dichter **Boccaccio** pries in seinem ›Decamerone‹ den Parmigiano. Im Schlaraffenland Bengodi »gab es einen Berg aus geriebenem Parmesan, auf dem Leute standen, die nichts anderes taten, als Makkaroni und Ravioli zu essen.« Benediktiner- und Zisterziensermönche gewannen diesen würzigen Käse feinsten Aromas aus Kuhmilch ohne Zusätze und Konservierungsstoffe. Schon bald wurde er auch außerhalb der Emilia gerühmt. Die französische **Königin Caterina de' Medici** verlangte ihn täglich, Casanova schätzte ihn wegen seiner aphrodisierenden Wirkung und Robert Louis Stevenson, Autor der ›Schatzinsel‹, empfahl gar als Notration »ein Stückchen Parmesankäse.« Selbst Diätfachleute stimmen ein Loblied auf diesen Käse an, der mehr Eiweiß und Nährstoffe und gleichzeitig weniger Fett und Cholesterin als jeder andere besitzt. Seit 1955 trägt der **Parmigiano Reggiano** das italienische DOC (kontrollierte Ursprungsbezeichnung), das 1996 durch das DOP (geschützte Ursprungsbezeichnung) der Europäischen Union ergänzt wurde. Käseräder, die dieses Zeichen tragen, kommen aus den Provinzen von Parma, Reggio, Modena, Mantua rechts vom Po und Bologna links vom Reno. Die Milch stammt von Kühen, deren Frischfutteranteil bei mindestens 70 % liegt. Außerdem verwen-*

Alles Käse, oder was? Der weithin geschätzte Parmigiano Reggiano

*det man für einen Laib Käse die Milch aus zwei verschiedenen Melkvorgängen. Nach der Verarbeitung wird die frische Käsemasse in die typischen wagenradrunden Formen gedrückt. Zwölf bis höchstens 36 Monate dauert die **Reifezeit**, in der die Laibe immer wieder gewendet und abgebürstet, mit einem Spezialhammer auf innere Risse und Hohlräume und mit einer Schraubnadel auf Aroma und Reifegrad untersucht werden. Erst dann erhalten sie von den strengen Prüfern des Konsortiums das begehrte Gütesiegel mit entsprechender Jahreszahl. Allein die **640 Käsereien** des Konsortiums Parmigiano Reggiano produzieren jährlich 2 700 000 Käselaibe.*

*Eine gute Adresse für den Kauf von Parmigiano ist die Käserei **Balestrazzi** (Loc. Corte di Sanguigna 136, Colorno, Tel. 05 21 81 49 33), wo bereits Benediktinermönche den begehrten Käse herstellten.*

Wem die Stunde schlägt – Gualtieri, einst Residenz eines kleinen Territorialstaates, fristet sein Dasein heute als Provinzstädtchen

Das nur wenige Kilometer entfernte **Guastalla** rühmt sich, als erster Ort der Emilia kommunale Unabhängigkeit erlangt zu haben. Doch schon bald wurde er zum Zankapfel verschiedener Adelsgeschlechter. Seine goldene Zeit erlebte das Städtchen ebenso wie Novellara unter einer Nebenlinie der Gonzaga (1539–1746), die es zu ihrer Residenz ausbauten. Zentrum ist die Piazza Mazzini mit dem herrschaftlichen *Palazzo Ducale*, dem *Duomo San Pietro* und dem *Palazzo del Comune*. Die Bronzestatue in der Mitte des Platzes gedenkt Ferrante I. Gonzaga, auf den Maßnahmen zur Umgestaltung Guastallas in eine Idealstadt der Renaissance zurückgehen. Ein rechtwinkliges Straßensystem wurde angelegt und der Ort mit einer fünfeckigen Mauer umgeben. Diese sollte der Verteidigung dienen, aber auch die häufigen Überschwemmungen des Po abwehren.

Auch das benachbarte **Gualtieri** wurde im 16. Jh., als sich die aus Bologna vertriebenen Bentivoglio hierher zurückzogen, zu einem kleinen höfischen Zentrum umgestaltet. Nach einem Entwurf des Architekten *Giovanni Battista Aleot-*

ti entstand die arkadengefasste **Piazza Bentivoglio**, die zu den eindrucksvollsten Renaissanceplätzen der Region gehört. Den imposanten, aber etwas heruntergekommenen *Palazzo Bentivoglio* (So 10–12 und 15–18 Uhr, Jan/Febr., Aug. geschl.) schmücken im Inneren barocke Fresken aus der Schule der Carracci und des Guercino. In der riesigen Sala dei Giganti prunken Szenen aus dem christlichen Epos ›Das befreite Jerusalem‹ von Torquato Tasso.

Fast schon an der Provinzgrenze liegt etwas verloren das Städtchen **Brescello**. Die Nähe zum Po und die kleine Piazza, auf der Rathaus und Kirche dicht beieinander liegen, schien die ideale Kulisse für die Verfilmung von *Giovanni Guareschis* Geschichte um den Dorfpfarrer Don Camillo und den kommunistischen Bürgermeister Peppone, die ewig miteinander streiten. Während Don Camillo mit dem Kreuz in der Hand seufzt, »Herr, Du kennst die Menschen, aber ich kenne die Italiener,« versucht Peppone, ihn mit einem Sowjetpanzer zur Räson zu bringen. Die zahlreichen Objekte, die sich bei den Dreharbeiten angesammelt hatten, wurden im *Museo Don Camillo e Peppone* (Mo–Fr 10–12 und 15–18, Sa/So 10–12 und 14.30–18 Uhr) liebevoll zusammengetragen, vom Panzer über die rote Moto Guzzi bis zum Talar Fernandels. Und auf der zentralen Piazza sieht sich der Besucher vor die Wahl gestellt: Geht man in die Bar Peppone oder in die Bar Don Camillo?

Der Besuch des Museo Don Camillo e Peppone in Brescello ist ein Muss für Freunde des streitbaren Duos

Der Zahn der Zeit – angesichts der spärlichen Überreste der Burg von Canossa mag man kaum glauben, dass von hier aus einst die Region beherrscht wurde

Der Gang nach Canossa

In den kalten Januartagen des Jahres 1077 fand der **Investiturstreit** *seinen dramatischen Höhepunkt und ging als ›Gang nach Canossa‹ in die Geschichte ein. Die Protagonisten waren die beiden damals mächtigsten Autoritäten des Abendlandes: der* **Salierkönig Heinrich IV.** *und* **Papst Gregor VII.** *Streitpunkt war die Ernennung von Bischöfen und Äbten, die in Deutschland vom Landesherrn vorgenommen wurde. Dem Papst war das eine zu große weltliche Einflussnahme, in einem Erlass verbot er kurzerhand diese Laieninvestitur. Auf der* **Synode von Worms** *1076 erklärten Heinrich IV. und die deutschen Bischöfe den Papst daraufhin für abgesetzt. Dieser wiederum belegte seinen weltlichen Widersacher mit dem* **Kirchenbann**. *Der König exkommuniziert, die Untertanen vom Eide befreit, Heinrich IV. sah für sich nur noch eine politische Chance: Mit Gemahlin Bertha, seinem zweijährigen Sohn und einem kleinen Gefolge brach er auf, um dem Papst, der sich schon auf dem Weg nach Deutschland befand, um einen neuen König zu ernennen, entgegenzugehen. Vor der* **Burg von Canossa**, *wo sich Gregor VII. bei der Markgräfin Matilde aufhielt, harrte er ohne seine Amtsinsignien, bekleidet nur mit Büßergewand und Holzsandalen, drei Tage im Schnee aus, um vom Papst die Lösung des Banns zu erbitten. Dieser ließ sich schließlich von so viel christlicher Zerknirschung erweichen. Doch damit war es nur zu einem Waffenstillstand gekommen, der Investiturstreit tobte weiter. 1084, nachdem er Rom erobert hatte, ließ sich Heinrich vom Gegenpapst Clemens III. zum Kaiser krönen, und Gregor musste fliehen. Erst im* **Wormser Konkordat** *1122 konnte man sich auf einen Kompromiss einigen. Fortan durfte der König den Bischof zuerst in sein weltliches Amt einführen, bevor ihm die geistlich-kirchlichen Weihen erteilt wurden.*

Praktische Hinweise

Unterkunft

Ostello Michelotti, Viale Lido Po 11, Guastalla, Tel. 05 22 83 92 28, Fax 05 22 83 92 28. Einfache Jugendherberge am Ufer des Po, 3 km von Guastalla entfernt.

Restaurants

Chalet Lido Po, Viale Lido Po 15, Guastalla, Tel. 05 22 82 41 69. Atmosphärisch schönes Lokal in Po-Nähe mit ausgezeichneten Fisch- und Fleischgerichten. Spezialitäten sind hausgemachte gefüllte Pasta und cremige *Risotti* (geöffnet Ostern bis Ende Okt.).

*Oase in der Steinwüste – die ein wenig ▷
nüchtern wirkende weite Piazza Grande von
Modena wird vom Palazzo Comunale und
dem großartigen Duomo gesäumt*

La Casa, Via Colombo 139, Bettolino,
Tel. 05 22 66 52 44. Herzhafte Küche
mit *Zampone* (gefüllter Schweinsfuß),
Polenta und gebratenen *Gnocchi*.
Bereits Fellini und Benigni schlemmten
hier (So geschl.).

16 Canossa

*Hier verharrte der Salierkönig Heinrich IV.
im Büßergewand drei Tage im Schnee, um
von Papst Gregor VII. die Befreiung vom
Kirchenbann zu erbitten.*

Von Reggio Emilia nach Canossa fährt
man Richtung Bibbiano, einem der Pro-
duktionszentren des *Parmigiano Reggiano*. Weiter geht es auf kurvenreicher
Strecke, bis nach einer Biegung plötzlich
der Blick auf den markanten Kalkfelsen
TOP TIPP mit den spärlichen Überresten des
Castello di Canossa fällt. Heute
kann man sich kaum noch vorstel-
len, dass diese einsame Ruine inmitten
einer von tiefen Erosionsfurchen gepräg-
ten Landschaft im Mittelalter strategisch
von großer Bedeutung war. Doch bildete Canossa von der Mitte des 10. Jh. bis
zum Anfang des 12. Jh. das Zentrum
eines dichten Netzes wehrhafter Burgen,
von denen aus die Markgrafen weite Teile der Emilia kontrollierten. Heute begeistert die Burg, die 1878 zum Nationaldenkmal erklärt wurde, vor allem als
Aussichtspunkt. Von hier hat man einen

fantastischen Panoramablick auf die Umgebung. Eine schöne Wanderung führt von Canossa nach Rossena, wo sich ebenfalls eine Burgruine befindet.

17 Modena

Wunderwerk der Romanik im Herzen der Stadt.

Die zentrale Piazza Grande empfängt die Besucher mit einem beeindruckenden Ensemble romanischer Architektur, dem Dom und seinem aufstrebenden Campanile. Eine wahre Schatztruhe romanischer Bildhauerkunst sind die von Wiligelmus an der Westfassade aus dem Stein gemeißelten Reliefs. Einen Hauch höfischen Glanzes verdankt das Provinzstädtchen (177 000 Einw.) der 400-jährigen Herrschaft der Este.

Geschichte   183 v. Chr. wurde auf einer bereits bestehenden keltischen Siedlung die römische Kolonie *Mutina* gegründet, die schon bald zu den blühenden Städten der **Gallia Cisalpina** gehörte. Während der Völkerwanderung und durch wieder-

holte Überschwemmungen der beiden Flüsse Secchia und Panaro verfiel der Ort zusehends. Ein neues Gemeinwesen entwickelte sich erst zwischen dem 9. und 11. Jh. Sichtbares Zeichen des wirtschaftlichen Aufschwungs und der zunehmenden kommunalen Selbstständigkeit war der Bau der romanischen Kathedrale. Nach heftigen Kämpfen mit der aufstrebenden Nachbarstadt Bologna und internen Auseinandersetzungen zwischen Guelfen und Ghibellinen begann Ende des 13. Jh. mit *Obizzo II.* die **Signoria der Este**. Abgesehen von einigen kurzen Unterbrechungen währte die Herrschaft des ferraresischen Herrschergeschlechts bis 1796. Als Ferrara 1598 an den Kirchenstaat fiel, wurde Modena Hauptstadt des Herzogtums. Um dem neu gewonnenen Rang einer **Residenzstadt** zu entsprechen, begann man mit dem Bau des repräsentativen Palazzo Ducale. Nach dem Wiener Kongress wurde Modena zu einem Satellitenstaat von Österreich-Ungarn und verlor in der Folge zunehmend an Bedeutung. In der Nachkriegszeit avancierte die Stadt zu einem wichti-

Himmelstürmend – die Torre Ghirlandina, das Wahrzeichen von Modena, und der Duomo mit seiner schönen Fensterrose ragen hoch empor

gen Wirtschafts- und Handelszentrum mit Schwerpunkten auf der Textil- und Automobilindustrie sowie auf der Produktion von Keramik.

Besichtigung Stolz der Stadt ist die großartige **Piazza Grande** mit ihrem romanischen Dom und dem 88 m hohen Campanile ›Ghirlandina‹. 1997 wurde dieses Architekturensemble von der UNESCO zum *Weltkulturerbe* erklärt. Ge-

genüber der Kirche erhebt sich mit dem **Palazzo Comunale** ❶ der weltliche Gegenpol. Der Uhrturm stammt zwar noch vom ursprünglichen Bau aus dem 12. Jh., doch wurde er wie der gesamte Palast während größerer Umbauten im 16. Jh. stark verändert. Die steinerne Tribüne vor dem Gebäude, die so genannte *Pietra Ringadora*, war eine Art Speakers Corner des Mittelalters. Neben seiner Funktion als Rednerpult diente der Steinblock aber auch als Pranger. So wurden säumige Schuldner dazu verurteilt, ihn dreimal mit dem nackten Gesäß zu berühren.

Der dem hl. Geminianus geweihte **Duomo** ❷, 1099 unter dem lombardischen Baumeister Lanfranco und dem Steinmetz Wiligelmus begonnen, beherrscht die weite Piazza. Die marmorverkleidete **Fassade** des Sakralbaus wird durch typisch romanische Stilelemente wie Zwerggalerien und Blendarkaden gegliedert. Das prächtige gotische Radfenster und die zwei aufgesetzten Türmchen sowie die zwei schlichten Seitenportale schufen Steinmetze aus Campione. Über sieben Generationen waren die Wanderarbeiter aus dem norditalienischen Städtchen bei Lugano an den Bauarbeiten beteiligt, unter ihnen wurde der Dom 1322 fertig gestellt.

Die beiden Schöpfer des Bauwerks wurden, ungewöhnlich für die Zeit, namentlich in Inschriften gefeiert, *Lanfranco* in einer Marmortafel der Hauptapsis, *Wiligelmus* an der Domfassade. Die Skulpturen des Steinmetzes gehören zu den herausragenden Werken romanischer Plastik in Europa. In den Friesen der **Porta Papale** an der Westseite meißelte er in eindringlichen Bildern zwölf Szenen aus

dem Alten Testament: von der Erschaffung Adams über die Vertreibung aus dem Paradies bis hin zum Brudermord. Die anderen Portale stammen von Nachfolgern des Wiligelmus. Die *Porta della Pescheria* an der Nordseite zeigt auf der Archivolte Szenen aus dem damals weit verbreiteten bretonischen Ritterepos um König Artus und im Architrav Bilder aus den Tierfabeln des Aesop. Die Türpfosten schmücken zwölf allegorische Monatsdarstellungen. Die Schauseite des Domes zur Piazza Grande wartet mit zwei Portalen auf. Die *Porta dei Principi* schildert im Architrav Begebenheiten aus dem Leben des Stadtpatrons, während die *Porta Regia* vor allem durch ihren kostbaren farbigen Marmor besticht.

Im schlichten **Innenraum** ist der ursprüngliche Grundriss einer dreischiffigen Basilika ohne Querschiff mit drei Chorapsiden und flacher Decke noch zu erkennen. Lanfranco schloss sich damit deutlich an frühchristliche Vorbilder an. Das Querschiff kam erst im 12. Jh. hinzu, das Kreuzgratgewölbe im 15. Jh. Vom lang gestreckten Hauptschiff mit Stützenwechsel und Scheinemporen überblickt man den erhöhten Chor mit der darunter liegenden **Hallenkrypta**. Sie birgt neben dem offenen Grab des verehrten Bischofs

Der steinerne Pontile im Inneren des Doms zwischen Hauptschiff und Chorraum ist mit farbig gefassten Darstellungen aus dem Leben Christi ausgeschmückt

Geminianus die äußerst realistische Terrakottagruppe ›Madonna della Pappa‹ (Madonna mit dem Brei) von Guido Mazzoni, einem Schüler von Niccolò dell'Arca. Im 15. und 16. Jh. waren diese oft lebensgroßen Tonskulpturen in der Emilia sehr geschätzt. Hauptanziehungspunkte der Kirche sind die *Kanzel* mit der Darstellung der vier Evangelisten und der steinerne *Pontile*, ein lettnerartiger Aufbau zwischen Hauptschiff und Chorraum, geschaffen von den Meistern aus Campione. Weitere Bauskulpturen sind im benachbarten **Museo Lapidario del Duomo** (Di – So 9.30 – 12.30 und 15.30 – 18.30 Uhr) ausgestellt.

TOP TIPP Wahrzeichen Modenas aber ist die **Torre Ghirlandina** ❸ (Ende April – Ende Okt. So/Fei 9.30 – 12.30 und 15 – 19 Uhr, Aug. geschl.). Der für Italien so typische frei stehende Glockenturm wurde Anfang des 12. Jh. im romanischen Stil begonnen und im 14. Jh. von den Maestri aus Campione mit einer gotischen Turmspitze vollendet. Von oben genießt man einen großartigen Blick über Modena und das umliegende Land.

Lebensader der Stadt und zugleich eine der beliebtesten Flaniermeilen ist die *Via Emilia*. Unter den zahlreichen Sakralbauten der Straße ist die Kirche **Sant'Agostino** ❹ aus dem 14. Jh. hervorzuheben. Drei Jahrhunderte nach der Erbauung veranlasste die Witwe von Herzog Alfons IV., Laura Martinozzi, die Umge-

staltung des Gotteshauses zum Pantheon der Este. Hinter der schlichten Backsteinfassade öffnet sich seither ein pompöser einschiffiger Innenraum mit reichen Stuckornamenten. Die prunkvolle Kassettendecke ist mit Bildern geschmückt, die das Geschlecht der Este verherrlichen. Zur endgültigen Grablege der Este aber wurde einige Zeit später die Kirche *San Vincenzo* an der Via Canalgrande.

Dauerhaften Ruhm sicherten sich die Herzöge auch mit ihrer wertvollen Kunst- und Büchersammlung, die im benachbarten **Palazzo dei Musei** ❺ untergebracht ist. Über den Innenhof des Palastes gelangt man zur berühmten **Biblioteca Estense** (Mo – Sa 8.30 – 13 Uhr). Von den zahlreichen wertvollen Bänden, Manuskripten und Frühdrucken sind viele in einer ständigen Ausstellung zu sehen. Zu den Attraktionen zählt die *Bibel von Borso d'Este*, die Mitte des 15. Jh. in Ferrara entstanden ist und über 2000 kostbare Miniaturen enthält.

Obwohl große Teile der Gemäldesammlung der Este 1746 wegen finanzieller Schwierigkeiten an den sächsischen Kurfürsten August den Starken verkauft wurden, wo sie den Grundstock der Dresdener Gemäldegalerie Alte Meister bildeten, zählt die **Galleria Estense** (Di – So 8.30 – 19.30 Uhr) heute zu den bedeutendsten Museen Italiens. Sie zeigt einen repräsentativen Querschnitt durch die emilianische Kunst des 15. bis 18. Jh. Zu

Frisches Obst in Hülle und Fülle gibt es in der stimmungsvollen Markthalle unweit des Zentrums von Modena

Poleposition – in der Galleria Ferrari in Maranello kann man auf Tuchfühlung gehen mit den roten Rennautos von Ferrari

den Meisterwerken gehören das Gemälde ›Sant'Antonio‹ (1484) des ferraresischen Renaissancemalers *Cosmè Tura* sowie die ›Madonna Campori‹, ein Frühwerk *Correggios*, das bereits seine Neigung zum perspektivischen Tiefenraum und zu überschwenglicher Bewegung zeigt. Unter den Skulpturen besticht die 1651 von *Gian Lorenzo Bernini* geschaffene Marmorbüste des ›Francesco I. d'Este‹. Die scharfe Kopfwendung und der aufgebauschte Umhang erinnern an antike Herrscherporträts.

Francesco I. war es auch, der ab 1634 abseits des mittelalterlichen Zentrums von Modena, dem Symbol städtischer Selbstverwaltung, den Bau des herzoglichen Palastes in Auftrag gab. Der nach einem Entwurf von *Bartolomeo Avanzini*, einem Schüler Vignolas, errichtete **Palazzo Ducale** ➏ (Führungen So 10 und 11 Uhr nach Voranmeldung bis Fr bei IAT, siehe rechts) wurde jedoch erst Mitte des 19. Jh. fertig gestellt. Hinter der langen und imposanten Schaufassade befindet sich heute die traditionsreichste Offiziersschule Italiens, die *Accademia Militare*. Vom einstigen Glanz der Este blieben nur einige freskengeschmückte Säle und der von hohen Arkaden gesäumte Innenhof.

Ausflug

Eine Fahrt, die besonders Kinderherzen höher schlagen lässt, führt von Modena über Vignola nach Maranello. Von seiner schönsten Seite zeigt sich **Vignola** zur Zeit der Kirschblüte, wenn die Umgebung in einem weißen Blütenmeer versinkt. Das Stadtbild wird beherrscht von der mauerbewehrten und zinnengekrönten *Rocca* (Sommer Di – Sa 9 – 12 und 15.30 – 19, So 10 – 12 und 15.30 – 19 Uhr, Winter Di – Sa 9 – 12 und 14.30 – 18, So 10 – 12 und 14.30 – 18 Uhr) aus dem 15. Jh. Mit ihren mächtigen Ecktürmen, den verschachtelten Wehrgängen und der Zugbrücke mit Wassergraben lässt die Ritterburg das Mittelalter wieder lebendig werden.

Das Industriestädtchen **Maranello** katapultiert die Besucher dann zurück in die Neuzeit. Denn hier werden seit 1943 die berühmten roten Boliden mit dem springenden Ross gefertigt. Im hypermodernen Gebäude der *Galleria Ferrari* (Via Dino Ferrari 43, tgl. 9.30 – 18 Uhr) erfährt man allerlei Interessantes über die Geschichte des Konzerns und kann einige der roten Ferrari-Modelle und Ferrari-Rennwagen bewundern.

Praktische Hinweise

Information: IAT Modena, Via Schudari 12, Tel. 0 59 20 66 60, Fax 0 59 20 66 59, Internet: www. comune. modena.it. Di – So 9 – 13, Mo– Sa 15 – 18 Uhr

Hotels

**** **Canalgrande Hotel**, Corso Canalgrande 6, Modena, Tel. 0 59 21 71 60, Fax 0 59 22 16 74, Internet: www. canalgrande.it. Adelspalazzo mit freskierter Halle und schönem Garten.

*** **Libertà**, Via Blasia 10, Modena, Tel. 0 59 22 23 65, Fax 0 59 22 25 02, Internet: www.hotelli.it. Komfortables Mittelklassehotel nahe Modenas Flaniermeile Via Farini.

Restaurants

Aldina, Via Albinelli 40, Modena, Tel. 0 59 23 61 06. Von Einheimischen gut besuchte Trattoria im 1. Stock eines Wohnhauses beim Mercato Centrale (nur Mittagstisch, So geschl.).

Ermes, Via Ganaceto 89–91, Modena. Traditionelle Osteria in familiärer Atmosphäre. Spezialität: *Parpadlein con la consa*, kleine Pasta-Quadrate, die in einer Brühe aus Kapaun und Rind gekocht und mit einer Sauce aus Eiern, Parmesan und Muskatnuss serviert werden (nur Mittagstisch, So geschl.).

Fini, Rua dei Frati Minori 54, Modena, Tel. 0 59 22 33 14. Traditionsreiches Lokal mit bester emilianischer Küche wie hausgemachter *Tortellini in brodo* oder *Filetti all'aceto balsamico*.

Und im benachbarten gleichnamigen Laden gibt es alle Spezialitäten der Region sowie eine ausgezeichnete Weinauswahl (Mo/Di geschl.).

Trattoria Bolognese, Via Muratori 1, Vignola, Tel. 0 59 77 12 07. Signora Lara kocht die besten *Tagliatelle alla bolognese*. Schöner Innenhof mit Blick auf die Burg (Fr abends und Sa geschl.).

18 Carpi

Kleinstadt mit großartiger Piazza.

Das 18 km nördlich von Modena gelegene Carpi (62 000 Einw.) ist weithin bekannt für seine spektakuläre **Piazza dei Martiri**. Angelegt wurde der mit seinen Maßen von 240 × 60 m drittgrößte Platz Italiens unter der Herrschaft der Familie Pio, die den Ort 1331 als Reichslehen vom Kaiser erhalten hatte. Der humanistisch gebildete *Alberto Pio III.* (1475–1525) baute die Hauptstadt seines Zwergstaates zu einer Musterresidenz

Größenwahn? Die spektakuläre Piazza dei Martiri ist für die Kleinstadt Carpi eigentlich einige Nummern zu groß

aus. Trotz seines gerühmten Weitblicks schlug er sich im Konflikt zwischen Habsburg und Frankreich auf die falsche Seite. Als der Habsburger Karl V. in der *Schlacht von Pavia* (1525) Franz I. besiegt hatte, übertrug er Carpi den Este. Geblieben ist der repräsentative Platz, dessen Westseite von einem aus 52 Arkaden bestehenden Gang gesäumt ist.

Gegenüber, neben dem neoklassizistischen Stadttheater (1861), erhebt sich der zwischen dem 14. und 16. Jh. errichtete **Palazzo dei Pio** (Sommer Do, Sa/So 10 – 12.30 und 16 – 20 Uhr, Ende Juni – Ende Sept. Do, Sa/So 10 – 12.30 und 15.30 – 19 Uhr). Deutlich zeigt er den Übergang von der wehrhaften Architektur des Mittelalters zu den repräsentativen Formen der Renaissance. Der Palast beherbergt mehrere interessante Museen, allen voran das *Museo Scagliola* (zzt. geschl.), das feine Marmorimitate präsen-

tiert. Guido Fassi (1584 – 1649) entwickelte in Carpi die so genannte Scagliola, einen Alabasterstuck, der sich wunderbar eignete, den teuren Marmor zu ersetzen, und der sich innerhalb kürzester Zeit in ganz Europa verbreitete. Das *Museo della Xilografia* wiederum zeigt eine Sammlung von Holzschnitten ab dem frühen 16. Jh. Das eindrucksvolle *Museo Monumento al Deportato* gedenkt den Opfern des Faschismus, mit eindrucksvollen Graffitizeichnungen moderner Künstler wie Picasso oder Guttuso und einem Namenssaal.

Den nördlichen Abschluss des Platzes bildet die **Cattedrale S. Maria Assunta**. Als Baumeister verpflichtete Alberto III. den toskanischen Architekten und Maler *Baldassare Peruzzi*, der wenige Jahre später die Dombauhütte der Peterskirche in Rom leiten sollte. Das im Renaissancestil begonnene, erst Ende des 18. Jh. vollendete Gotteshaus beeindruckt durch seine mit Säulen und ausladenden Voluten stark gegliederte Barockfassade und die hohe Kuppel. Für den ältesten Sakralbau von Carpi, **S. Maria in Castello**, auch *La Sagra* genannt, schuf Peruzzi, nachdem Alberto III. die Kirche um zwei Drittel hatte kürzen lassen, um Platz für seinen Palazzo zu schaffen, eine neue Fassade. Von dem romanischen Bau aus dem 12. Jh. blieben neben dem hohen Campanile das Portal mit der Darstellung einer Kreuzigung, die Kanzel mit Evangelistensymbolen, das Grabmal des ersten Herrschers von Carpi, Manfred I., sowie einige Fresken erhalten.

Praktische Hinweise

Information: Qui Città, Corso Berengario 2/4, Tel. 05 59 64 92 13, Internet: www.carpidiem.it. Mo/Di, Do – Sa 9 – 13, Di, Do, Sa 16 – 19 Uhr

Restaurant
Teresa Baldini, Via Livorno 30, San Martino Secchia, Tel. 0 59 66 26 91. Herzhafte Modeneser Küche. Spezialität sind in Schmalz gebratene *Gnocchi* (Do geschl.).

19 Abbazia di Nonantola

Erzählende Bilder aus Stein.

Im Mittelalter zählte die Abbazia di Nonantola neben Pomposa und Bobbio zu den mächtigsten und kulturell bedeutendsten Klöstern Oberitaliens. Sie wurde 753 von Anselmo, einem langobardischen Herzog aus dem Friaul, gegründet, der seine weltlichen Güter aufgegeben hatte, um Mönch zu werden. Rasch blüh-

Ein edler Tropfen – Der Aceto Balsamico muss mindestens zwölf Jahre lang in Holzfässern reifen

 Aceto Balsamico – Balsam für den Gaumen

*Während in den meisten Dachkammern nur Erinnerungen verstauben, reifen in Modena Essenzen kostbarer als Parfum. Bis vor nicht allzu langer Zeit waren die Essigfläschchen Teil der Mitgift. Essig? Ja, aber nicht irgendein Essig, sondern der **Aceto Balsamico Tradizionale di Modena**. Um die kostbaren Tropfen herzustellen, bedarf es eines langwierigen Verfahrens. Zunächst wird der gepresste Most aus Trebbiano-Trauben in einem offenen Gefäß allmählich bis auf die Hälfte seines Volumens eingekocht. In einem Holzfass, meist im Dachgeschoss gelagert, dickt sich der Essigmost durch Verdunstung, Gärung und Konzentration weiter ein. Nach Ablauf eines Jahres füllt man mit dem **Einjährigen** ein kleineres Holzfass, das den Zweijährigen enthält, auf. Dieser wiederum dient zum Nachfüllen des Dreijährigen in einem noch kleineren Fass. Das Prinzip besteht darin, dass der ältere Essig immer mit dem ein Jahr jüngeren nachgefüllt wird, wobei vom jüngeren immer noch der Großteil im Fass verbleibt. Entscheidend für die Entwicklung eines ausgezeichneten Aceto Balsamico ist neben einem großen Maß an Geduld und Erfahrung aber auch der Einsatz von Fässern verschiedener Holzarten. Eiche, Kastanie und Maulbeere stehen dabei am höchsten im Kurs. Durch die **jahrelange Lagerung** in den Fässern nimmt der Essig neben dem Geschmack auch die Färbung des Holzes an. Nach einer Reifezeit von mindestens zwölf Jahren entscheidet dann das Consorzio Produttori Aceto Balsamico Tradizionale di Modena nach ausführlicher Degustation über seine Qualität. In Gefäßen zu einem Deziliter abgefüllt, erfreut der Aceto Balsamico die Gaumen eines jeden Feinschmeckers und die Geldbörsen der Produzenten.*

Restposten – die Kapitelle in der Krypta der Abbazia di Nonantola wurden aus verschiedenen Sakralbauten des 8. bis 12. Jh. zusammengetragen

te das Kloster auf. Bereits zu Zeiten Anselmos lebten in der Abtei über 1000 Mönche. Weite Teile der Tiefebene von Modena wurden urbar gemacht und in fruchtbares Ackerland verwandelt. Weithin bekannt ist Nonantola wegen seiner Schreibschule und der jahrhundertealten bedeutenden Bibliothek. Im 15. Jh. verlor das Kloster seine Unabhängigkeit und wurde mit dem Bistum Modena zusammengelegt. Der allmähliche Niedergang führte schließlich 1768 zur Aufhebung des Klosters. Erst seit 1928 leben hier wieder Benediktinermönche.

Die große romanische Backsteinbasilika **San Silvestro** wurde nach dem großen Erdbeben 1117 errichtet und konnte bereits vier Jahre später geweiht werden. Besonders gelungen ist das *Äußere* mit den drei hervortretenden Apsiden, die durch elegante Blendarkaden und Rundbogenfenster gegliedert sind. Der großartige Portalschmuck an der Westseite wird der Schule des Wiligelmus zugeschrieben. Im Tympanon thront Christus der Weltenrichter zwischen Engeln und den Symbolen der Evangelisten. Im Gewände erscheinen rechts Szenen zur Geburt Christi und links Bilder aus der Klostergeschichte. Dank der Restaurierung Anfang des 20. Jh. präsentiert sich der dreischiffige *Innenraum* heute wieder im ursprünglichen schlichten Zustand. Unter dem erhöhten Chor liegt die romanische **Krypta** aus dem 13. Jh. Mit ihrem Wald aus 86 Säulen und verschiedenartigen Kapitellen des 8. bis 12. Jh. war sie wohl Vorbild für die Krypta im Dom von Modena. Der spätantike Sarkophag in der Apsis barg einst die Gebeine des im Mittelalter sehr verehrten Papstes Silvester I. (heute im Altar des Presbyteriums). Ihm und seinen Nachfolgern hatte Kaiser Konstantin in der *Konstantinischen Schenkung* das geistliche Primat in der Kirche und die weltliche Macht über Italien und die westlichen Provinzen eingeräumt. Erst im 15. Jh. entdeckte man, dass es sich bei dieser Urkunde um eine Fälschung des 8. Jh. handelt.

Praktische Hinweise

Information: PIT, Piazza Abbazia, Tel. 0 59 89 65 55, Fax 0 59 89 65 56, Do, Fr 9.30 – 12.30, Sa/So 9.30 – 12.30 und 15.30 – 18.30 Uhr, Aug. nur So nachm.

Restaurant

TOP TIPP **Osteria di Rubbiara**, Via Risaia 2, Rubbiara, Tel. 0 59 54 90 19. Das ausgezeichnete Lokal ist einen Ausflug ins 5 km entfernte Rubbiara wert. Wirt Italo serviert köstliche wechselnde Tagesgerichte. Der *Aceto Balsamico* stammt aus der hauseigenen *Acetaia* (Fr/Sa auch abends geöffnet, Di mittags und August geschl.).

Rund um Ferrara –
der höfische Glanz der Este und die amphibische Landschaft des Po

Der Po und seine verzweigten Arme haben zwischen Ferrara und der Adriaküste eine großartige amphibische Landschaft geformt. Schon früh begannen die Mönche von **Pomposa**, diese Sumpflandschaft urbar zu machen, doch erst im 20. Jh. konnte die Trockenlegung abgeschlossen werden. Obstbaumkulturen und Gemüsepflanzungen überziehen heute weite Flächen der fruchtbaren Tiefebene.

Um zumindest einen Teil der ursprünglichen Lagunenlandschaft zu erhalten, wurde 1988 der *Parco Regionale del Delta del Po* eingerichtet. Städtischer Glanzpunkt der Region ist **Ferrara**, das von den Este zu einem Juwel der Renaissance ausgebaut wurde. Wer den Einheimischen nacheifern will, erkundet die einstige Residenzstadt mit dem Fahrrad. Malerische Treppenbrücken und kulinarische Köstlichkeiten locken nach **Comacchio**, während **Cento** seine tollste Zeit im Februar erlebt, wenn der berühmte Karneval durch die Gassen tobt. Die langen Sandstrände der **Lidi di Comacchio** bilden den Auftakt für die Adriaküste.

20 Ferrara

Plan Seite 80

Perle der Renaissance.

Unter allen Orten der Emilia Romagna nimmt Ferrara eine Sonderstellung ein. Ihre Entwicklung verdankt die Stadt weder der Via Emilia noch dem Baufieber an der Adriaküste. Ihre Glanzzeit erlebte sie unter der Dynastie der Este, die sie zu einem der führenden Fürstenhöfe machte. Mit dem Niedergang des Adelsgeschlechts geriet auch Ferrara ins politische und künstlerische Abseits. Sein einzigartiges Stadtbild blieb dadurch fast unverändert erhalten. Grund genug für die UNESCO, Ferrara 1995 in die Liste der Weltkulturgüter aufzunehmen.

Geschichte Die zahlreichen Fundstücke des nahen etruskischen Handelshafens Spina im Archäologischen Museum täuschen: Ferrara gehört zu den wenigen Orten der Emilia Romagna, die vor dem frühen Mittelalter keine nennenswerten Siedlungsspuren aufweisen. Die Stadt entstand im 7. Jh. inmitten des Po-Deltas an einer Aufzweigung des Flusses. Nach dem *Dammbruch von Ficarolo* (1152)

verlegte sich der Hauptarm des Po nach Norden, und die umliegende Lagunenlandschaft verlandete allmählich.

Die Glanzzeit von Ferrara fällt mit der **Herrschaft der Este** (1264–1598) zusammen, die zu den ältesten Adelsgeschlechtern Italiens gehörten. Mit dem Gewaltherrscher *Obizzo II.* erlangten sie 1264 erstmals die Signoria in Ferrara. In den folgenden Jahrhunderten bauten sie ihre territoriale und politische Macht durch geschickte Heiratspolitik und offensives militärisches Vorgehen systematisch aus. Gleichzeitig entwickelte sich Ferrara zu einer repräsentativen **Residenzstadt**. Die von *Alberto V. d' Este* 1391 gegründete *Universität* lockte zahlreiche Gelehrte und Dichter an. Kopernikus, Paracelsus und der Bußprediger Savonarola studierten hier. Im 15. Jh. erblühte die von einem ungewöhnlich expressiven Stil geprägte **Malerschule von Ferrara**. Cosmè Tura, Francesco del Cossa, Ercole de' Roberti und Dosso Dossi gehörten zu ihren herausragenden Vertretern. Unter *Ercole I.*, der ab 1492 die Grundfläche der Stadt schachbrettartig verdreifachen ließ, erfuhr Ferrara einschneidende Ver-

Zusammenspiel romanischer und gotischer Stilelemente – die Fassade des Doms von Ferrara begeistert durch ihren vielfältigen Figurenschmuck

Eckpfeiler der herzoglichen Macht – ▷
das stolze Castello Estense in Ferrara
wird von vier mächtigen Ecktürmen
dominiert

änderungen. 130 000 Einwohner – eine
Zahl, die erst 1988 erreicht wurde – sollten hier, geschützt von einer mächtigen,
9 km langen Stadtmauer, Platz finden.
Doch bereits mit Alfonso I. (1505 – 34)
setzte der allmähliche Niedergang der
Este ein. Als der letzte Herzog von Ferrara, Alfonso II., ohne legitime Nach-
kommen blieb, fiel der Este-Besitz 1598
als heimgefallenes Lehen zurück an den
Apostolischen Stuhl. Unter der Herrschaft päpstlicher Legaten stagnierten die
wirtschaftlichen und kulturellen Impulse
Ferraras. Erst nach der Einigung Italiens
im 19. Jh. und der Urbarmachung weiter
Teile des Hinterlandes im 20. Jh. erwach-
te die Stadt aus ihrem Dornröschenschlaf
und entwickelte sich zu einem bedeutenden landwirtschaftlichen Zentrum mit
Schwerpunkt auf Obstbaumkulturen und
Gemüseanbau.

Besichtigung Wer die Atmosphäre der
für den Autoverkehr gesperrten Innen-
stadt einfangen möchte, tut dies – wie die
meisten Ferraresen auch – am besten mit
dem Fahrrad. Ausleihen kann man sie
bei *Itinerando* in der Via Kennedy 2
(tgl. 9.30 – 13 und 15 – 18.30 Uhr, Tel.
05 32 20 20 03) oder direkt am Bahnhof
bei *Pirani & Bagni* (Mo – Fr 5 – 20 Uhr,
Sa bis 14 Uhr, Tel. 05 32 77 21 90).

Die mittelalterliche Stadt

Im Zentrum der mittelalterlichen Stadt,
an der *Piazza della Repubblica*, erhebt
sich das von einem breiten Wassergraben
umgebene wuchtige **Castello Estense** ➊
(Di – So 9.30 – 17 Uhr). Die wehrhafte
Burg mit ihren vier mächtigen Ecktür-

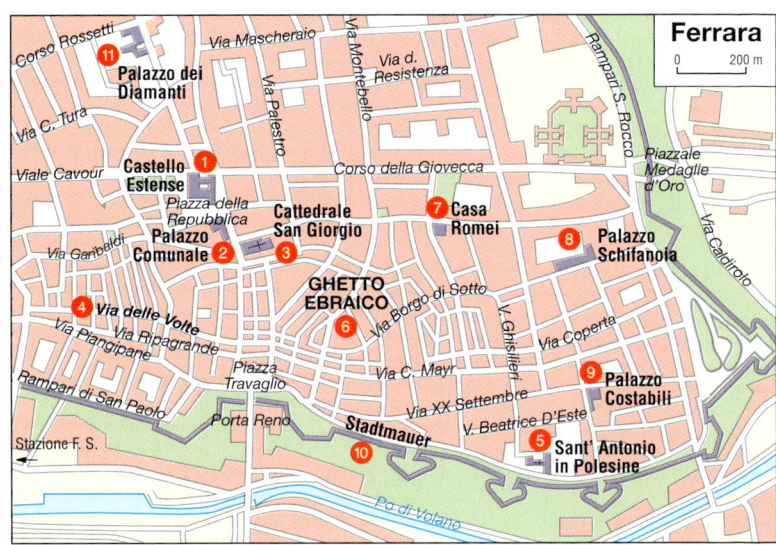

men wurde ab 1385 unter Nicolò II. nach einem Entwurf von *Bartolino da Novara* errichtet. Zunächst als Zwingburg gegen etwaige Volksaufstände gedacht, diente sie seit Mitte des 16. Jh. als herzogliche Residenz. Eine schmale Zugbrücke führt in das **Innere** des Kastells, in dessen Untergeschoss die düsteren Verliese liegen, in denen Nicolò III. das unglückliche Liebespaar, seine zweite Ehefrau Parisina Malatesta und seinen gleichaltrigen Sohn aus erster Ehe, bis zu ihrer Hinrichtung einkerkerte. Im Piano Nobile erstrecken sich die *Sale Estensi,* eine Reihe von Sälen, die Mitte des 16. Jh. mit manieristischen Fresken von Ludovico Settevecchi, Leonardo da Brescia und dem begabten Bastianino ausgemalt wurde. In der *Sala dell' Aurora,* einst Schlafzimmer der Este, zeigen mythologische Figuren unterschiedliche Momente des Tages, gleichzeitig sind sie eine Anspielung auf die verschiedenen Menschenalter. Ein gedeckter Gang verband das Kastell einst mit dem **Palazzo Comunale** ❷, der von 1243 bis ins 16. Jh. der Hofpalast der Este war und 1924 größtenteils erneuert wurde. Über die *Piazza Savonarola* gelangt man zum Eingang des Palazzo, der von den beiden Bronzefiguren ›Nicolò III. zu

Pferde‹ und ›Borso auf dem Thron‹ flankiert wird – Nachbildungen des 19. Jh., die Renaissanceoriginale waren 1796 von den Franzosen zerstört worden. Durch einen weiten Torbogen betritt man den malerischen Innenhof mit der eindrucksvollen überdachten **Freitreppe** aus dem 15. Jh., einem viel fotografierten Wahrzeichen Ferraras.

Während des vormittäglichen Marktes geht die Anfang des 12. Jh. erbaute und dem hl. Georg, dem Schutzpatron der Stadt, geweihte **Cattedrale San Giorgio** ❸ zwischen den bunten Ständen fast unter. Der im romanischen Stil begonnen Sakralbau wurde Anfang des 14. Jh. gotischer Formensprache mit Fialen, Rosetten und Arkaden vollendet und mit drei gleich hohen Giebeln abgeschlossen. Aus der überaus reich verzierten marmornen *Fassade* sticht das prächtige Hauptportal hervor, das im Tympanon eine lebendige Darstellung des drachentötenden hl. Georg zeigt und im Architrav Szenen aus dem Neuen Testament, die dem Meister Niccolò zugeschrieben werden, vermutlich ein Schüler des Wiligelmus aus Modena. Den oberen Abschluss, ein auf drei spitzbogigen Arkaden ruhen-

der Giebel, schmückt eine Darstellung des Jüngsten Gerichts. Den Este begegnet man auch hier an der Kathedrale. Die Figur seitlich des rechten Portals zeigt *Alberto d'Este* als frommen Gläubigen in Pilgerkleidung. An der Südseite setzen sich die filigranen Zwerggalerien der Fassade fort. Darunter befindet sich die **Loggia dei Merciai**, eine überdachte Ladenzeile aus dem 15. Jh., in der noch heute eine Reihe von kleinen Geschäften untergebracht ist. Am Ende der Loggia erhebt sich der unvollendet gebliebene **Campanile** (1442), der dem Baumeister und Kunsttheoretiker *Leon Battista Alberti* zugeschrieben wird.

Das **Innere** betritt man über ein Atrium, das im 17. Jh. entstanden ist, als man nach einem Erdbeben aus statischen Gründen eine neue Mauer hochzog. Die ursprünglich fünfschiffige Emporenkirche wurde Anfang des 18. Jh. durch *Francesco Mazzarelli* in barockem Stil mit drei mächtigen Querhäusern und drei Kuppeln fast vollständig erneuert. Mit der malerischen Ausschmückung betraute man Künstler der *Schule von Ferrara*. Die beiden Fresken der Apostel Petrus und Paulus zu Seiten des Hauptportals

Oben: *Wahrzeichen – die überdachte Freitreppe im Innenhof des Palazzo Comunale zählt zu den beliebtesten Fotomotiven Ferraras*

Unten: *Kein Zeugnis einer freien Kommune – der Palazzo Comunale war einst Sitz der Herzöge Este*

sowie die ›Thronende Madonna mit Heiligen‹ (1524) in der 3. Kapelle des linken Seitenschiffes stammen von Benvenuto Tisi, der auch *Garofalo* genannt wurde, weil er seine Bilder oft mit einer Nelke (Garofano) signierte. Das Apsisfresko des ›Jüngsten Gerichts‹ (1577– 80) schuf *Bastianino* nach dem Vorbild Michelangelos.

Durch das Atrium erreicht man das besonders sehenswerte **Museo della Cattedrale** (Di – So 9 – 13 und 15 – 18 Uhr). Glanzpunkt des Museums sind die Orgeltüren (1469) des estensischen Hofmalers *Cosmè Tura* mit Darstellungen des hl. Georg und der Verkündigung sowie eine kleine Statue des hl. Maurelius und der ›Madonna mit dem Granatapfel‹ (1408), die der sienesische Bildhauer *Jacopo della Quercia* für die Kapelle der Familie Silvestri schuf. Als schöne Beispiele der Bildhauerkunst des 12. Jh. gelten die detaillierten Monatsdarstellungen der Schule des Antelami.

Von der Piazza Trento e Trieste biegt man in die Via S. Romano. Sie verband einst den mittelalterlichen Marktplatz mit dem Hafen am Po, der an der heutigen Via Ripagrande lag. Ein Hauch von Mittelalter

Oben: *Ein passender Rahmen für ein Meisterwerk der italienischen Baukunst – die Cattedrale San Giorgio*

Unten: *Sisyphusarbeit – seit 800 Jahren ist der fleißige Bauer nun schon mit der Weinlese beschäftigt, und die Trauben werden nicht weniger. Monatsdarstellung aus dem 12. Jh. im Museo della Cattedrale*

weht durch die stimmungsvolle **Via delle Volte** ❹ mit ihrer endlos scheinenden Flucht von niedrigen Bögen, die sich zwischen die Häuser spannen. Sie diente als Verbindungsstraße zwischen den rückwärtigen Lagerhäusern und den herrschaftlichen Wohnungen und Geschäften der Handelsleute an der parallel verlaufenden Via Ripagrande. Von hier lohnt ein Abstecher über Via XX Settembre und Via Gambone zum malerisch gelegenen Benediktinerinnenkloster **Sant' Antonio in Polesine** ❺ (Mo – Fr 9.30 – 11.30 und 15.15 – 17, Sa 9.30 – 11.15 und 15 – 16 Uhr) aus dem 13. Jh.. Heute leben noch 24 Benediktinerinnen in dem mehrfach umgebauten Komplex. In der Klosterkirche beeindrucken drei mit Fresken ausgeschmückte Chorkapellen. Die in der Nachfolge Giottos stehenden Maler schufen Szenen aus dem Leben von Maria und Jesu. Eigentümlich ist die Darstellung Christi, wie er selbst auf einer Treppe zum Kreuz steigt. Zwischen der Via delle Volte und der Via Mazzini er-

streckte sich einst das **Ghetto Ebraico** ❻. Viele verfolgte Juden fanden hier unter der liberalen Politik von *Borso* und *Ercole I.* eine zweite Heimat. Im 16. Jh. gehörte die jüdische Gemeinde Ferraras zu den größten Italiens. Erst als Ferrara wieder an den Kirchenstaat fiel, wurde das Viertel 1627 in ein Ghetto umgewandelt, wie die Via Contrari mit ihren zugemauerten und vergitterten Fenstern und Türen noch heute bezeugt.

Der Traum von einer Idealstadt der Renaissance

Unter den Este Nicolò III. und Borso wandelte sich Ferrara allmählich zu einer Residenzstadt. Am Rande der mittelalterlichen Ansiedlung entstanden Lustschlösser und Villen sowie prächtige Wohnhäuser wohlhabender Kaufleute und Bankiers. Ercole I. schließlich beauftragte seinen Architekten *Biagio Rossetti* mit einer zusätzlichen Erweiterung der Stadt nach Norden. Die neuen Achsen dieser ab 1493 entstandenen **Addi-**

◁ *Ein Ausflug ins Grüne – die Monatsdarstellungen in der Sala dei Mesi des Palazzo
Schifanoia zählen zu den schönsten Wandmalereien der Emilia Romagna*

dem Höhepunkt eines jeden Ferrara-Be-
suchs. Das dem Vergnügen gewidmete
Stadtschloss wurde bereits von *Alberto V.
d'Este* 1385 in Auftrag gegeben, um eine
Rückzugsstätte von dem eintönigen Leben am Hof (*schivar la noia* – nur keine
Langeweile) zu haben. Borso ließ den
Bau 1468 um ein zusätzliches Stockwerk
erweitern, und der Hofarchitekt Biagio
Rossetti verlängerte ihn schließlich um
weitere 7 m nach Osten. Das große Mar-
morportal von Francesco del Cossa
(1470) mit dem überdimensionalen Wappen der Este geleitet ins Innere des Palastes. Hier, in der **Sala dei Mesi**, schufen Meister der Malerschule von Ferrara
1469/70 nach einem Gesamtentwurf des
Hofmalers *Cosmè Tura* einen einzigartigen Freskenzyklus der Frührenaissance.
Die Wände wurden mit zwölf **Monatsdarstellungen** geschmückt, von denen
allerdings nur die Monate März bis
September erhalten geblieben sind. Die
Fresken der Ostwand (März bis Mai)
werden *Francesco del Cossa* zugeschrieben, während die fast kubistisch anmu-
tenden Figuren des Monats September
deutlich die Handschrift von *Ercole de'
Roberti* tragen. Die von gemalten korinthischen Pfeilern gerahmten Felder
sind in je drei Abschnitte unterteilt. Im
obersten Abschnitt thronen die zwölf
olympischen Götter auf aufwendig deko-
rierten Triumphwagen. Der mittlere
Streifen zeigt die Tierkreiszeichen des jeweiligen Monats, während im unteren
Teil das Leben des Borso d'Este und seines Hofes geschildert wird. Zahlreich
sind die Anspielungen auf die Wohltaten
der estensischen Herrschaft. So sieht man
Borso im Märzbild beim Empfang von
Untertanen, Gesandten und Würdenträgern und danach beim Aufbruch zur Fal-
kenjagd, während im Hintergrund einige
Bauern mit dem Beschneiden der Pflan-
zen beschäftigt sind. Das irdische Dasein
erscheint als Ebenbild der heiteren Welt
des Götterhimmels. Das gute Regiment
der Este wird gleichgesetzt mit dem
Goldenen Zeitalter der ewigen Götter-
herrschaft.

Nicht versäumen sollte man einen Ab-
stecher zum unvollendet gebliebenen
Palazzo Costabili 🟠9 (auch Palazzo di
Ludovico il Moro, Di – So 9 – 14 Uhr),

zione Erculea waren die rechtwinklig
angelegten Straßen Corso Giovecca und
Corso Ercole I. d'Este.

Ein Juwel der Frührenaissance ist
das vom Bankier Giovanni Romei 1445
in Auftrag gegebene Wohnhaus **Casa
Romei** 🟠7 (Di – So 8.30 – 19.30 Uhr). Der
prächtige Innenhof ist mit Loggien geschmückt. Mittelalterliche Stilelemente
wie die Konsolen und Stützmauern an
der Ostwand wechseln mit typischen Re-
naissance-Elementen wie dem Portikus.
Einige Räume im Inneren, die *Sala delle
Sibille* und die *Sala dei Profeti*, wurden
mit humanistisch-religiösen Themen
ausgemalt. Den Piano Nobile verwandelte man im 18. Jh. unter Kardinal Ippo-
lito II. d'Este in einen Gästetrakt und
malte ihn mit zeitgemäßeren Grotesken-
malereien aus.

Über die Via di Campofranco, die wegen ihrer fast fensterlosen Häuser zur
Austragung von Duellen diente, und die
Via Borgo di Sotto gelangt man zum **Palazzo Schifanoia** 🟠8 (Di – So 9 – 18 Uhr),

Ein echtes Schmuckstück – die Fassade des Palazzo dei Diamanti besteht aus Tausenden von diamantförmigen Quadern

den Biagio Rossetti ab 1495 für Antonio Costabili, den Botschafter der Este am Hof der Sforza in Mailand, erbaute. Von der prachtvollen Ausstattung zeugen nur noch einige 1508 von Garofalo ausgemalte Säle. Besuchermagnet des Palazzo aber ist das **Museo Archeologico Nazionale**, das eine überragende Sammlung griechischer und etruskischer Kunst aus dem einstigen etruskischen Handelshafen *Spina* bei Comacchio birgt. In den über 4000 Gräbern der Nekropole fand man zahreiche attisch-rotfigurige Vasen aus dem 6./5. Jh. v. Chr.

Entlang der Via XX Settembre erreicht man die begrünte **Stadtmauer** ⑩ mit ihren mächtigen Bastionen. Sie wurde 1512 – 18 auf Veranlassung des Herzogs Alfonso I. als militärischer Schutzwall, aber auch als Damm gegen die häufigen Überschwemmungen erbaut und ist heute beliebte Promenade und Rennstrecke für Jogger. An der Punta della Giovecca biegt man in den gleichnamigen Corso ein, der die Grenze zwischen der mittelalterlicher Stadt und dem Renaissance-Viertel bildet.

Richtung Zentrum erreicht man alsbald den 16 m breiten und 1,5 km langen *Corso Ercole I. d'Este*, der das Kastell mit der Porta degli Angeli verbindet und von einigen sehenswerten Palazzi ge-

säumt wird, u. a. dem **Palazzo dei Diamanti** ⑪, dem Meisterwerk von Biagio Rossetti. Der Palast wurde 1493 im Auftrag von Sigismondo d'Este, dem Bruder des Herzogs Ercole I., begonnen. Die Fassade mit ihren diamantförmig gespitzten Quadern (über 12000 Marmorblöcke) fand in ganz Europa Nachahmer. Die massive Wirkung lockerte der Baumeister durch die unterschiedliche Ausrichtung der Steinspitzen auf: Am Fuß des Baus sind die Spitzen nach unten gerichtet, in der Mitte horizontal gestaltet und im oberen Teil schauen sie nach oben. Im Übrigen ist das Gebäude ganz auf die Diagonalansicht konzipiert, die durch die Gestaltung der Eckpilaster und Balkone noch besonders betont wird. In den einstigen Wohnräumen des Piano Nobile ist heute die **Pinacoteca Nazionale** (Di – Sa 9 – 14, So 9 – 13 Uhr) untergebracht, die die Entwicklung der ferraresischen Malerei vom 14. bis zum 17. Jh. dokumentiert. Zu den bedeutendsten Werken ge-hören zwei Rundbilder von *Cosmè Tura* (1430 – 1495), die mit kraftvollen Farben und fast derbem Realismus die Gefangennahme und das Martyrium des hl. Maurelius darstellen, sowie die Fresken und Gemälde von *Garofalo* (1481–1559). Sein ›Kindermord von Bethlehem‹ verrät in der Figurenkomposition den Einfluss Raffaels. Von Garofalo und dem brillantesten Maler der oberitalienischen Renaissance, *Dosso Dossi*, stammt das grandiose, um 1514 entstandene ›Polyptychon Costabili‹ mit der thronenden Madonna und Heiligen.

Ausflug

35 km südwestlich von Ferrara liegt das malerische **Cento**, das im Mittelalter eine Pfründe der Bologneser Bischöfe war. 1501, als Papst Alexander VI. die Stadt seiner Tochter Lucrezia Borgia und ihrem dritten Gatten, dem Herzog Alfons I. von Ferrara, zur Hochzeit schenkte, ging sie in den Besitz der Este über. Ihre größte Blüte erlebte die Textilstadt, deren Manufakturbetriebe auf Hanfverarbeitung spezialisiert waren, im 17./18. Jh.

Zentrum von Cento ist die Piazza Guercino, an der sich der *Palazzo Comunale* (17. Jh.) mit eleganten Arkaden und der zinnenbewehrte *Palazzo Governatore* mit der Torre dell'Orologio erheben. Hier

Die Abendsonne lässt die behauenen Quader des Palazzo dei Diamanti wie funkelnde Diamanten erscheinen

ist heute die **Galleria d'Arte Moderna** untergebracht (Sa/So 9.30–12.30 und 16–19 Uhr), die u. a. Bilder des aus Cento stammenden Expressionisten *Aroldo Bonzagni* (1887–1918) zeigt. Berühmtester Sohn der Stadt aber ist der überaus produktive Barockmaler Giovanni Francesco Barbieri (1591–1666), der wegen eines Augenfehlers auch *Guercino*, der Schielende, genannt wurde. Ausgehend von Ludovico Carracci schuf er sinnlich-kräftige Bilder in Hell-Dunkel-Malerei. Seine Werke sind gemeinsam mit Gemälden seiner Nachfolger in der nahen **Pinacoteca** (Sa/So 9.30–12.30 und 16–19 Uhr) ausgestellt.

Im Februar zieht es Besucherscharen in das sonst verschlafene Cento, wenn **TOP TIPP** der **Carnevale** die Stadt in ein Maskenmeer verwandelt und mit Pappmaché-Figuren geschmückte Karren durch die Straßen ziehen.

Praktische Hinweise

Information: IAT Ferrara, Castello Estense, Tel. 05 32 20 93 70, Fax 05 32 21 22 66, Internet: www.ferraraterraeacqua.it. Mo–Sa 9–13 und 14–18, So bis 17.30 Uhr

Hotels

***** **Duchessa Isabella**, **TOP TIPP** Via Palestro 70, Tel. 05 32 20 21 21, Fax 05 32 20 26 38, Internet: www.duchessaisabella.it. In dem herrlichen Palazzo aus dem 15. Jh., nun ein gediegenes Hotel, kann man unter prächtigen Kassettendecken und Fresken vom Glanz der Este träumen.

**** **Annunziata**, Piazza Repubblica 5, Tel. 05 32 20 11 11, Fax 05 32 20 32 33, Internet: www.annunziata.it. Elegantes und ruhiges Hotel mit familiärer Atmosphäre gegenüber dem Castello Estense.

**** **Ripagrande**, Via Ripagrande 21, Tel. 05 32 76 52 50, Fax 05 32 76 43 77, Internet: www.ripagrandehotel.it. Renaissancepalast an der einstigen mittelalterlichen Prachtstraße.

Locanda Borgonuovo, Via Cairoli 29, Tel. 05 32 21 11 00, Fax 05 32 24 63 28, Internet: borgonuovo.com. Stilvolles Bed & Breakfast mit begrüntem Innenhof und familiärer Atmosphäre.

Ostello Estense, Corso Biagio Rossetti 24, Tel./Fax 05 32 20 42 27. Moderne Jugendherberge mit 62 Betten.

Restaurants

Antica Trattoria il Cucco, Via Voltaca-
sotto 3, Tel. 05 32 76 00 26. Hausgemachte Pasta in allen möglichen Variationen und mit verschiedenen Saucen.
Im Sommer kann man unter einer schönen Pergola sitzen (Mi geschl.).

Antica Trattoria Volano, Viale
Volano 20, Tel. 05 32 76 14 21. Lokal am
Po-Ufer mit traditioneller emilianischer
Küche, z. B. butterweiche *Cappellacci
di zucca*, Maultaschen mit Kürbisfül-
lung (Fr geschl.).

**TOP
TIPP** **L`Oca Giuliva**, Via Bocca-
canale di S. Stefano 38, Tel.
05 32 20 76 28. Gourmettreff
unter den Arkaden des alten Ferrara
mit hervorragenden Menüs und einem
Weinkeller mit 250 verschiedenen
Weinen (Mo/Di mittags geschl.).

Osteria al Brindisi, Via Adelardi 11,
Tel. 05 32 20 91 42. Im ältesten Weinkeller der Welt werden neben ausgezeichneten Weinen lokale Köstlichkeiten wie
Salama da sugo, *Pasticcio di macchero-
ni*, Makkaroniauflauf, und *Pampepato*,
kringelförmiges Gebäck aus Mehl,
Kakao, Honig, Mandeln und Zitronat,
serviert (Mo geschl.).

21 Comacchio

Verträumtes Lagunenstädtchen.

Inmitten der einzigartigen Sumpflandschaft des Po-Deltas liegt, durchzogen
von zahlreichen Kanälen, das kleine
Comacchio (21 800 Einw.). Malerische
Treppenbrücken und pastellfarbene Häuser prägen das Stadtbild dieses Klein-
Venedig. Doch während sich in Venedig die
Touristen gegenseitig auf die Füße treten,
herrscht hier noch beschauliche Ruhe.

Geschichte Comacchio wurde in der
Spätantike auf 13 Inseln in einer Lagune
errichtet und war bis vor knapp 100 Jahren nur über einen schmalen Damm mit
dem Festland verbunden. Dank der Salzgewinnung in den nahen Salinen entwickelte sich der Ort schon bald zu einer
blühenden **Handelsstadt**. Die strategisch
günstige Lage ermöglichte ihr zwischen
dem 6. und 9. Jh. die Kontrolle des
Schiffsverkehrs in der Adria und auf den
Binnengewässern. Dieser Vorzug entging
auch konkurrierenden Mächten wie Venedig nicht, das Comacchio 854 und

946 besetzte und zerstörte. Während der
Herrschaft der Este (1264–1598) wurden der Stadt die Nutzungsrechte der
fischreichen Wasserbecken eingeräumt.
Es folgte eine Zeit wirtschaftlicher Blüte,
die Anfang des 17. Jh. unter dem Kirchenstaat, nachdem die Fischerei und das
Recht zur Fischverarbeitung zunehmend
an fremde Unternehmen verpachtet wurden, schlagartig verdorrte. Erst während
der Italienfeldzüge Napoleons konnte
sich das Städtchen wieder der *Valli di
Comacchio*, des größten Lagunensees
Italiens, bemächtigen. Nach der Einigung Italiens begann die systematische
Trockenlegung der Sumpfgebiete, die
erst in den 60er-Jahren des 20. Jh. abgeschlossen wurde.

Besichtigung Wahrzeichen von Comacchio ist die originelle Brücke
**TOP
TIPP** **Trepponti**. Der Architekt *Luca
Danesi* schuf diese monumentale
Konstruktion 1634 aus fünf breiten Trep-
pen, um gleich fünf Inseln miteinander
zu verbinden. Zwischen Mai und Oktober starten von hier kostenlose Boots-
rundfahrten durch die Kanäle der Altstadt, natürlich mit den *Comacine*, den
typischen flachkieligen Kähnen, in denen
einst das kostbare Salz transportiert wurde. In der nahen Via della Pescheria wird
täglich der traditionelle Fischmarkt abge-
halten. Verlockend sind auch die Auslagen der *Bottega di Comacchio* (Via
Pescheria 3), in der man die Spezialität
des Ortes, marinierten Aal, bekommt.
Von dem 1631–35 ebenfalls von Danesi
erbauten **Ponte degli Sbirri**, der nach
den benachbarten Gefängnissen benannten Häscherbrücke, bietet sich ein schöner Blick auf die Stadt: Gegenüber dem
klassizistischen **Vecchio Ospedale San
Camillo** liegen die Ende des 19. Jh. erbaute Adelspalast **Palazzo Bellini** und
das ehemalige Gefängnis, das das **Museo della Nave Romana** (April – Sept. Di
– So 9.30 – 12.30 und 15.30 – 19.30 Uhr,
Okt. – März Di – So 9 – 13 und 15 – 18
Uhr) beherbergt. Sein Glanzstück ist die
Ladung eines römischen Handelsschiffes
aus der Kaiserzeit, das unweit der Mündung des Po während einer Sturmflut auf
Grund lief. Dank der schnellen Versan-
dung blieben der Schiffsrumpf und die
Ladung fast unversehrt. Im Bauch der
›Fortuna Maris‹ fand man Amphoren,
Bleibarren, aber auch Alltagsgegenstän-
de wie Schuhwerk, Balsamfläschchen,
Spielsteine und Spielwürfel.

Geniale Brückenkonstruktion – die Trepponti, das Wahrzeichen von Comacchio, verbinden fünf Inseln miteinander

Folgt man der *Via Fogli*, die parallel zum Canale Maggiore verläuft, gelangt man zum Zentrum von Comacchio mit der **Torre dell'Orologio** und der *Loggia dei Mercanti* (auch Loggia del Grano), die Kardinal Giacomo 1621 als Getreidemagazin erbauen ließ. Die einschiffige **Cattedrale San Cassiano** mit ihrem mächtigen Campanile stammt ebenfalls aus dem 17. Jh. Damals war die Stadt übrigens Teil des Kirchenstaates. Sehenswert ist auch der **Loggiato dei Cappuccini** am Ende des Corso Mazzini, dessen Arkadengang in die Wallfahrtskirche S. Maria in Aula Regia mündet.

Ausflüge

Längs der 25 km langen Sandküste zwischen dem Flussarm Po di Goro und der Mündung des Reno reihen sich sieben ab den 50er-Jahren des 20. Jh. entstandene Badeorte aneinader, die **Lidi di Comacchio**. Sie sind nicht so überlaufen wie Rimini und Riccione, bieten aber mit ihren Badeanstalten und zahlreichen Unterkunftsmöglichkeiten zugleich die Infrastruktur großer Seebäder. Der wunderbar lange Sandstrand des **Lido di Volano**, eingebunden in den Parco Regionale del Delta del Po, erstreckt sich vor einem dichten Pinienwald. Modern gibt sich der *Lido delle Nazioni,* mit vielen Sportmöglichkeiten auf dem künstlich angelegten Lago delle Nazioni, wie Kajak- und Kanufahren, Segeln oder Windsurfen. *Villaggio Spiaggia Romea* wiederum bietet Reitausflüge auf weißen Camargue-Delta-Pferden aus eigener Zucht. Während die Badeorte *Lido di Pomposa* und *Lido degli Scacchi* überwiegend in den Ferienzeiten aufleben, herrscht im Fischereizentrum *Porto Garibaldi* auch das restliche Jahr über reger Betrieb. Kilometerlange Strände und ein Pinienwald prägen den *Lido di Spina* und den *Lido di Estensi*, die sich mit zahlreichen Geschäften, Lokalen und Discos um das Wohl der Gäste bemühen.

Wo sich einst das etruskische *Spina* befand, ist heute nichts mehr zu sehen, denn das Land wird bewirtschaftet.

Praktische Hinweise

Information: IAT Comacchio, Via Folegatti 28, Tel. 05 33 31 01 61, Fax 05 33 31 01 61, Internet: www.comune.comacchio.fe.it. März – Okt. 9.30 – 12 und 16.30 – 18.30 Uhr, sonst nur Fr – So

Hotels

*** **Caravel**, Viale Leonardo 56, Lido di Spina, Tel. 05 33 33 01 06, Fax 05 33 33 01 07, Internet: www.hotelcaravel.net. Komfortables Haus mit Garten nahe am Meer.

Al Ponticello, Via Cavour 39, Comacchio, Tel./Fax 05 33 31 40 80. Bed & Breakfast im Zentrum. Romantische Zimmer mit Blick auf den Kanal.

Die Gewässer rund um Comacchio sind für ihren Fischreichtum bekannt

Die amphibische Landschaft des Po-Deltas

Bevor der Po am Ende seiner langen Reise von den Alpen ins Meer mündet, breitet er seine Arme aus und formt eine einzigartige Landschaft aus urtümlichen **Sümpfen**, *vogelreichen* **Feuchtbiotopen** *und dichten* **Wäldern***. In der Vergangenheit bildete der Fluss den wichtigsten Transport- und Verkehrsweg in Norditalien. Seine Seen und Lagunen dienten zum Fischfang und als Salinenbecken. Doch das feuchte Klima war auch ein idealer Nährboden für die Malaria, die wie ein Damoklesschwert über den Bewohnern dieses Landstrichs hing. Immer wieder versuchte der Mensch, den wilden Strom zu bändigen, der bei starken Niederschlägen regelmäßig Überschwemmungen verursachte und auch mehrmals seinen Lauf veränderte. Doch erst Ende des 19. Jh. gelang es, weite Teile der Lagunenlandschaft trockenzulegen und landwirtschaftlich nutzbar zu machen. Allein die* **Valle di Mezzano** *umfasst 18 000 ha neu gewonnenes Land. Zwischen den Wasserflächen entstand Ackerland, auf dem Weizen und Zuckerrüben gedeihen.*

Um die ursprüngliche Landschaft und die artenreiche Flora und Fauna vor einer allzu intensiven Agrarwirtschaft zu schützen, wurde 1988 der Naturpark **Parco Regionale del Delta del Po** *eingerichtet, der eine Fläche von 60 000 ha einnimmt. Er reicht vom Flussarm Po di Goro bis zu den Salinen von Cervia. In den waldreichen Gebieten des* **Bosco della Mesola***, dem einstigen Jagdgebiet der Este mit einem imposanten Schloss aus dem 16. Jh., kann man mit etwas Glück Hirsche und Damwild äsen sehen (Eingang: Bosco della Mesola, Di, Fr – So 8 – 18 Uhr). Herrliche Feuchtbiotope wie die Valle Bertuzzi bei Volano, die Oasi Fossa di Porto bei der Halbinsel Boscoforte und Oasi di Campotto bei Argenta laden zur Vogelbeobachtung. Erkundungstouren in diese faszinierende Landschaft aus einsamen Dünen, fischreichen Lagunen und endlosen Sümpfen unternimmt man am besten zu Fuß, mit dem Fahrrad oder dem Boot. Eine panoramareiche Straße führt längs des* **Argine Agosta** *zwischen den einstigen Salinenbecken von Comacchio und den geometrisch angelegten Feldern der Valle di Mezzano. Bootsausflüge lassen sich von den schön gelegenen Fischerstädtchen Goro, Gorino, Marina di Ravenna sowie von Lido di Volano und Porto Garibaldi aus unternehmen. Auch Reitausflüge werden von zahlreichen Aziende Agrituristiche rund um Ravenna und an der Küste angeboten. Nicht versäumen sollte man einen Besuch der* **Casone Foce** *im Herzen der Valli di Comacchio, von wo aus man zwischen März und Oktober Bootsfahrten zu einigen typischen strohgedeckten Casoni, Fischerhütten, in den Lagunen unternehmen kann (Info-Tel. 05 33 31 42 50, Internet: www.vallidicomacchio.it).*

Besucherzentren und Museen des Naturparks: **Ecomuseo di Argenta***, Casino di Campotto, bei Argenta, Tel. 05 32 80 80 58, Di – So 9.30 – 13 und 15.30 – 18 Uhr, März–Mai, Sept. 9.30 – 18 Uhr. –* **Centro Educazione Ambientale***, Castello Estense, Mesola, Tel. 05 33 99 35 95, Di–So 9.30 – 12.30 und 15 – 17 Uhr.*

Eine Broschüre über **Fahrradtouren** *im Po-Delta auf Deutsch ist bei den IAT-Stellen erhältlich.*

** **Hotel Club Spiaggia Romea**, Via Oasi 2, Lido delle Nazioni, Tel. 05 33 35 53 66, Fax 05 33 35 51 13. Internet: www.spiaggiaromea.it. Bungalowanlage mit großem Pool in der Nähe von See und Meer mit vielen Sportmöglichkeiten, ideal für Familien mit Kindern (Miniclub ab 4 J.). Es werden auch Ausritte auf Camargue-Delta-Pferden geboten.

Restaurants

Bettolino di Foce, Stazione Foce. Fischgerichte und Aal in allen Variationen in einer ehemaligen Fischerhütte in den Valli di Comacchio (Mo geschl.).

Da Vasco e Giulia, Via Muratori 21, Comacchio, Tel. 05 38 12 52. Besonders bei Einheimischen beliebte Fischtrattoria (Mo geschl.).

22 Abbazia di Pomposa

Kleinod aus Backstein.

Wie ein Leuchtturm erhebt sich aus tiefgrüner Ebene der himmelstürmende Campanile der Abbazia di Pomposa. Auf der von den beiden Po-Armen Goro und Volano umspülten Insel Pomposia ließen sich bereits Anfang des 7. Jh. Benediktiner nieder und begannen gemäß ihrem Leitspruch *Ora et labora*, die unwirtlichen Sümpfe in fruchtbares Kulturland zu verwandeln. Durch die Lage an der Via Romea, der Pilgerstraße nach Rom, wurde das Kloster alsbald zu einer beliebten Raststation und zu einem Zentrum des **mittelalterlichen Kultur-** und **Geisteslebens**. In Pomposa entwickelte der Benediktinermönch *Guido d'Arezzo* Anfang des 11. Jh. das Sechstonsystem, der mit dem Kirchenbann belegte Kaiser Friedrich Barbarossa wartete hier 1171 auf ein Zeichen von Papst Alexander III., und Dante rastete 1321 im Kloster auf seiner letzten Reise nach Ravenna. Doch bereits im 13. Jh. begann der Po, seinen Lauf zu ändern. Riesige Sümpfe breiteten sich aus, und überall lauerte die Malaria. Im 15. Jh. zogen die Mönche nach Ferrara, und Mitte des 17. Jh. wurde das Kloster aufgelöst.

Die aus dem 8./9. Jh. stammende dreischiffige querschifflose Basilika **S. Maria** mit innen halbkreisförmiger und außen polygonaler Apsis steht deutlich in der Nachfolge der ravennatischen Kirchen des 6. Jh. Als man den Sakralbau Anfang des 11. Jh. um zwei Joche erweiterte, errichtete man auch die mit verschiedenfarbigen Ziegeln, bunten Majoliken und Kleinskulpturen geschmückte Vorhalle und den fast 50 m hohen **Campanile** (1063) mit den in jedem Geschoss breiter werdenden Fensterarkaden. Im *Inneren* beeindruckt der mit kostbaren Marmorintarsien (12. Jh.) kunstvoll ausgelegte Boden. Auf den von antiken Säulen und Kapitellen gestützten Mittel-

Ungleichgewicht – neben dem riesigen Campanile der Abbazia di Pomposa wirkt die Vorhalle winzig klein

schiffwänden schufen Maler der Bologneser Schule Mitte des 14. Jh. eine inzwischen etwas verblasste, aber immer noch faszinierend schöne **Bilderbibel**. Auf drei vom Altar ausgehenden Streifen werden mit großem erzählerischen Gestus Szenen aus dem Alten und Neuen Testament sowie aus der Apokalypse und dem Jüngsten Gericht dargestellt. Der Thronende Christus in der Apsiswölbung sowie die darunter liegenden Szenen aus dem Leben des hl. Eustachius stammen vom pinselführenden Maler *Vitale da Bologna* (1351). Die Restaurierungsarbeiten brachten inzwischen noch ältere Fresken mit der Darstellung von Propheten und Heiligen zum Vorschein.

Praktische Hinweise

Information: IAT, Abbazia di Pomposa, Tel./Fax 05 33 71 91 10, Internet: codigoro.net. Sommer tgl. 9 – 13 und 15.30 – 19 Uhr, Winter Di – So 9.30 – 12.30 und 14.30 – 17.30 Uhr

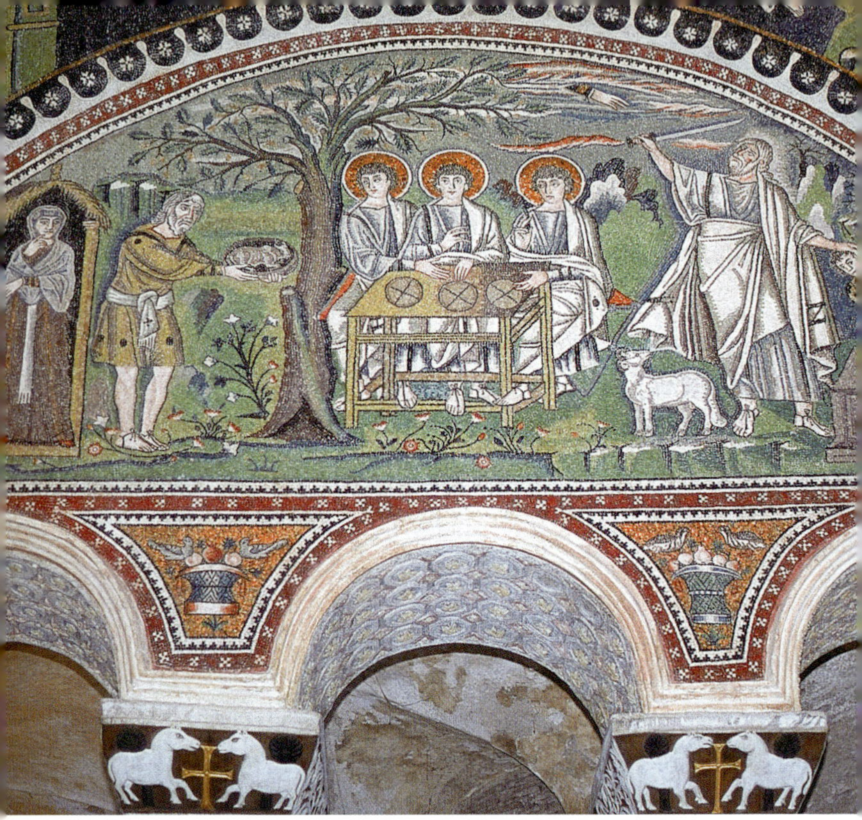

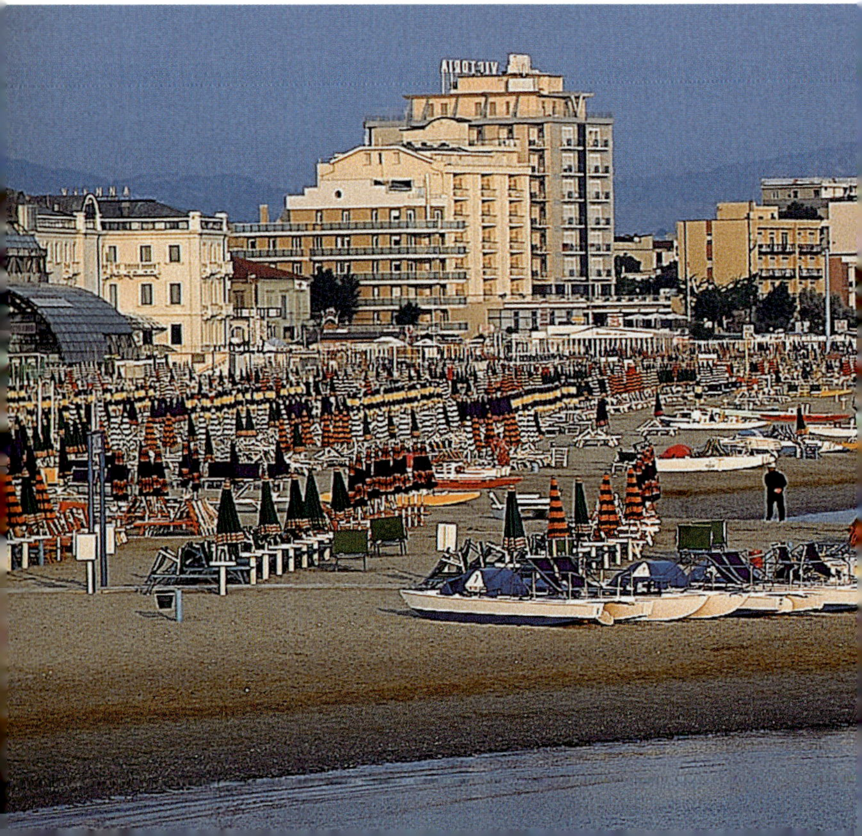
VICTORIA

Die Romagna – gold leuchtende Mosaike und endlose Sandstrände

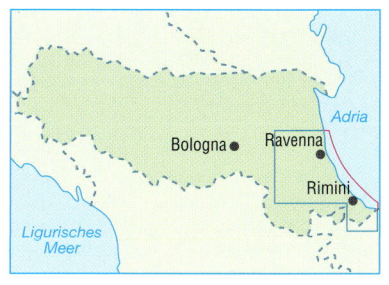

Die heutige Provinzhauptstadt **Ravenna** erlebte ihre größte Blüte in frühchristlicher Zeit, als sie am Schnittpunkt von Orient und Okzident lag. Noch heute künden die farbenprächtigen Mosaike ihrer Kirchen vom Glanz einer einzigartigen Epoche. Ein paar Jahrhunderte später entstand gleich nebenan, in **Faenza**, ein neues künstlerisches Zentrum. Töpfer entwickelten einen eigenständigen Majolikastil, der als *Fayence* Weltruhm erlangte. Tief in toskanisches Gebiet reichen die Provinzgrenzen von **Forlì**. Der *Nationalpark Falterona-Campigna* mit den ausgedehntesten Wäldern Italiens gehörte ursprünglich vollständig zur Nachbarregion Toskana. Um den Tiber aber in seiner Heimatprovinz Forlì entspringen zu lassen, hatte Mussolini kurzerhand eine Gebietserweiterung der Emilia Romagna veranlasst. Die Adriaküste mit ihren berühmten Badeorten wie **Cesenatico**, **Rimini** und **Riccione** ist der sommerliche Tummelplatz für Sonnenanbeter aus ganz Europa. Endlose Sandstrände und das wieder saubere Adriawasser heißen die Trümpfe.

23 Ravenna · Plan Seite 94

Funkelnde Traumwelten.

Keine andere Stadt der Region ist so stark von der Zeit der Völkerwanderung geprägt wie Ravenna. In rascher Abfolge war der Ort Hauptstadt des Weströmischen Reiches, Sitz der Gotenkönige und Residenz der byzantinischen Exarchen. Die **Mosaikkunst** erlebte hier eine Vollendung, wie sie in Italien erst wieder in Venedig oder dem normannischen Sizilien erreicht wurde. Für die UNESCO Grund genug, 1996 acht Gebäude zum Weltkulturerbe zu erklären.

Geschichte Inmitten einer Lagunenlandschaft, umspült vom Meer und den Süßwassern des Po-Deltas, entstand um 500 v. Chr. das Dorf Ravenna. Zunächst von Umbrern und Etruskern besiedelt, geriet es mit dem Bau der Via Emilia im

2. Jh. v. Chr. unter **römischen Einfluss**. Kaiser Augustus ließ im 1. Jh. n. Chr. in einer nahen Bucht den Kriegshafen *Portus Classis* errichten. 240 Schiffe lagen bereit, um die Verteidigung der Adria zu sichern. Mit der Entscheidung des Kaisers *Flavius Honorius*, 402 die **Hauptstadt** des **Weströmischen Reiches** vor den einfallenden Goten von Mailand nach Ravenna zu verlegen, gewann der Ort an politischer Bedeutung. Unter Honorius und seiner kunstliebenden Halbschwester *Galla Placidia*, die bis zu ihrem Tod 450 über Westrom herrschte, erlebte er zudem seine erste große kulturelle Blüte. Als der germanische Söldnerführer *Odoaker* den letzten weströmischen Kaiser Romulus Augustulus 476 absetzte, wurde Ravenna Hauptstadt seines Königreiches. Auf Veranlassung des oströmischen Kaisers Zeno brach der in Konstantinopel erzogene Ostgotenkönig *Theoderich d.Gr.* zum Kampf gegen den ›Barbarenherrscher‹ auf. Nach über zweijähriger Belagerung einigte man sich im Februar 493 auf eine gemeinsame Herrschaft über Italien. Beim anschließenden Friedensbankett jedoch wurde Odoaker vom neuen König eigenhändig umgebracht. Trotz dieses blutrünstigen An-

Oben: *Frühmittelalterliches Puzzle, zusammengesetzt aus vielen kleinen bunten Steinchen – die Mosaikkunst, hier San Vitale, hat in Ravenna ihre Vollendung gefunden*

Unten: *Ruhe vor dem Ansturm – am frühen Morgen hat man den Strand von Cattolica noch fast für sich alleine*

fangs galt den Zeitgenossen die fast dreißigjährige Herrschaft Theoderichs als eine **Epoche des Friedens**.

Nach dem Tod Theoderichs begann der oströmische Kaiser *Justinian* einen zermürbenden, letztlich aber erfolgreichen Krieg (535–553) gegen die Ostgoten. In dem vom byzantinischen Herrscher wieder vereinigten **Imperium Romanum** wurde Ravenna zur zweiten Kapitale, die von Exarchen, Vertretern des Herrschers, regiert wurde. Um die Stadt zur ebenbürtigen Dependance von Konstantinopel zu machen, errichtete man repräsentative Paläste und Kirchen. Mit der langobardischen Eroberung Ravennas 751 endete die byzantinische Herrschaft in Mittelitalien. Die Vorrangstellung innerhalb der nördlichen Adria und die Kontrolle des Salzhandels musste die Stadt nun an Venedig abtreten. Nach der Vertreibung der Langobarden durch die Franken, die der Papst als Schutzmacht ins Land gerufen hatte, übertrug der fränkische König das gesamte Exarchat dem Papst. Die *Pippinische Schenkung* 756 bildete die Grundlage für die Entstehung des **Kirchenstaates** um Rom und Ravenna.

Während der großen Zeit der Stadtrepubliken wurde Ravenna von den aristokratischen Familien *Traversari* und später *Da Polenta* regiert. Als der Ort in den Herrschaftsbereich **Venedigs** geriet (1441–1509), begannen umfangreiche Entwässerungsmaßnahmen. Von Anfang des 16. Jh. bis zur Einigung Italiens war die Stadt schließlich – abgesehen von der Besetzung durch die Truppen Napoleons – Teil des Kirchenstaates. Im Zweiten Weltkrieg wurde sie durch Bombenangriffe stark zerstört.

Ihr wirtschaftlicher Aufschwung in der Nachkriegszeit fiel mit der Entdeckung reicher **Erdgasvorkommen** zusammen (1953). Seitdem hat sich die Einwohnerzahl auf 140 000 verdoppelt. Als wichtiger Standort der petrochemischen Industrie hat Ravenna allerdings mit erheblichen Problemen wie der Schä-

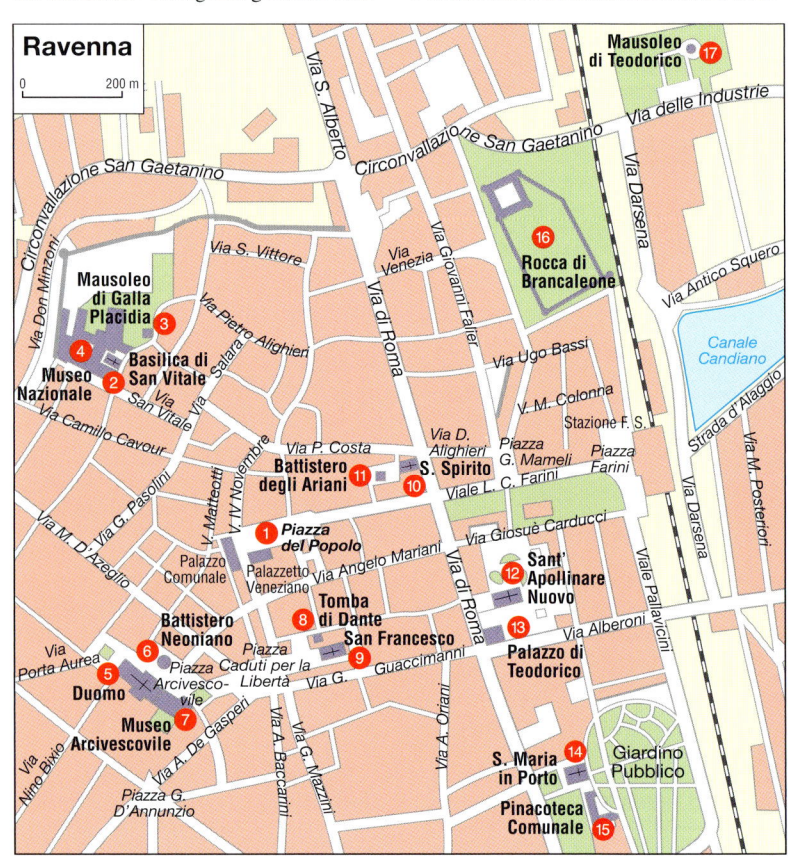

Zentrum kommunaler Macht – Palazzo Comunale auf der Piazza del Popolo in Ravenna

digung des Pinienbestandes und dem Absinken des Bodens zu kämpfen.

Besichtigung Idealer Ausgangspunkt für eine Stadtbesichtigung ist die **Piazza del Popolo** ❶, der Treffpunkt der Ravennaten zur allabendlichen *Passeggiata*. Über das geschäftige Treiben wachen von zwei hohen Säulen die beiden Stadtheiligen, Apollinaris, der erste Bischof von Ravenna, und Vitalis. Der rechteckige Platz wurde im 15. Jh. unter den Venezianern angelegt. Aus dieser Zeit stammen auch der zinnenbewehrte *Palazzo Comunale* und der *Palazzetto Veneziano* mit seinen weit ausschwingenden Arkadenbögen.

Spätantike Erzählfreude und orientalische Prachtentfaltung

Nordwestlich der Piazza erhebt sich der monumentale Komplex des ehemaligen Benediktinerklosters San Vitale, der die gleichnamige Basilika, das Mausoleo di Galla Placidia und das Museo Nazionale umschließt.

Mit dem Bau der **Basilica di San Vitale** ❷ wurde 526 noch unter Theoderich begonnen, abgeschlossen wurden die Arbeiten aber erst rund 20 Jahre nach seinem Tod während der oströmischen Herrschaft. 547 weihte man die Kirche dem *hl. Vitalis*, einem römischen Soldaten, der während der Neronischen Christenverfolgung in Ravenna umgebracht worden war. Der griechische Bankier Julianus Argentarius, ein Freund von Kaiser Justinian, finanzierte das Gotteshaus. Er handelte vermutlich im Auftrag des Kaisers, der mit spektakulären Investitionen die Bevölkerung für sich zu gewinnen suchte.

San Vitale wurde als achteckiger *Zentralbau* errichtet, dessen Oktogon von einem flachen Zeltdach gedeckt wird. Im Osten befindet sich eine stark hervortretende Apsis. Als Baumaterial verwendete man ausschließlich lange, flache Ziegel, die man noch heute nach dem damaligen Geldgeber *Giulianei* nennt. Während das Äußeren eher nüchtern wirkt, ist der Raumeindruck des **Inneren** überwältigend: Mit Ausnahme der Chornische, die die gesamte Höhe einnimmt, fächert sich die Kirche in sieben zweigeschossige Exedren auf, die jeweils von zwei mit Arkaden verbundenen Säulen durchbrochen werden. Im Zentrum tragen acht Stützpfeiler die Kuppel, die, um das Gewicht zu reduzieren, aus tönernen Hohlkörpern besteht.

Einst war das Innere vollständig mit prächtigen Marmorintarsien, Stuck und **Mosaiken** ausgekleidet. Aus der Entstehungszeit blieben lediglich ein Fußboden und die Mosaike in Presbyterium und

Apsis erhalten. Die Mosaike folgen einem theologischen Programm, in dessen Zentrum die *Eucharistie* steht. Die Wände des **Presbyteriums** bedecken Szenen, die eine Präfiguration des Altarsakraments darstellen. So zeigen die Lünetten das Opfer Abels und Melchisedeks, das Gastmahl Abrahams und die Opferung Isaaks, darüber Mosesszenen, Propheten und Evangelisten. Im Deckengewölbe tragen vier Engel ein Medaillon mit dem mystischen Lamm als Symbol für das Opfer des Gottessohnes. In der **Apsisnische** thront der bartlose Christus inmitten einer Paradieslandschaft auf einer blauen Weltkugel. Er wird von zwei Engeln flankiert, die den Bischof Ecclesius mit dem Kirchenmodell und den Kirchenpatron Vitalis, dem Christus die Märtyrerkrone reicht, herbeiführen. Selbstbewusst hat sich das *Kaiserpaar Justinian und Theodora* rechts und links vom Altar in prunkvollen Mosaiken darstellen lassen. Umgeben von ihrem Hofstaat bringen sie kostbare Gaben dar. Bemerkenswert sind die hohe Qualität der Ausführung sowie die individuell gestalteten Gesichter. Erstmals lässt sich hier ein Kaiser im Sanktuarium abbilden. Damit feiert sich das ohnehin schon theokratische Kaisertum als Stellvertreter Christi auf Erden.

Die Mosaizisten von San Vitale stammen aus *verschiedenen Schulen*. Während die Künstler des Presbyteriums mit ihren naturalistischen und farbenprächtigen Bildern noch der römisch-hellenistischen Tradition verpflichtet sind, wandelt sich die byzantinisch geprägte Kunst der Apsis ins Abstrakte: Die Gestalten blicken entrückt und großäugig, alle haben sie die gleiche Haltung, die gleiche Kopfhöhe und werden frontal im handlungslosen Stehen oder Thronen dargestellt.

Das **Mausoleo di Galla Placidia** ❸ (März – Sept. tgl. 9 – 19 Uhr, sonst bis 16.30 Uhr), ein kleines, äußerlich unscheinbares Backsteingebäude auf kreuzförmigem Grundriss, ließ sich *Kaiserin Galla Placidia* zwischen 425 und 450 als Grabmal erbauen. Die halbkugelförmige Kuppel ist mit einem quadratischen Turm verkleidet. Durch eine schmale Pforte betritt man das halbdunkle *Innere*, das nur durch das warme Licht der Alabasterscheiben erhellt wird. Ein blaugrundiger **Mosaikteppich**, der sich noch völlig in die Formenwelt der spätantiken Kunst einfügt, überzieht Gewölbe und Innenwände. So zeigt die Lünette über dem Eingang einen kaiserlich gewandeten Christus als Guten Hirten inmitten seiner Schafherde – ein typisches Motiv aus der Katakombenmalerei. An der dem Eingang gegenüberliegenden Wand ist ein offener Schrank mit den Schriften der Evangelien und der in der Spätantike sehr verehrte hl. Laurentius zu sehen, der entschlossen dem glühenden Rost entge-

Ravenna, hier der achteckige Zentralbau San Vitale, ist ein gutes Pflaster für das Studium frühmittelalterlicher Sakralarchitektur

Dem Himmel sei dank für die herrlichen Mosaiken im Inneren des Mausoleo di Galla Placidia

genschreitet. Die Lünetten der Kreuz-
arme zeigen Hirsche, die dürstend zum
Wasser streben, während in den großen
Lünetten des Tambours wie Senatoren
gekleidete Apostel huldigend die rechte
Hand erheben. Im Zenit der Kuppel
leuchtet inmitten eines nächtlichen Ster-
nenhimmels das Kreuz Christi. Die drei
spätantiken Marmorsarkophage, die Galla Placidia, ihren zweiten Ehemann Kon-
stantius III. und ihren Sohn Valenti-
nian III. bergen sollen, sind allerdings
erst zwischen dem 9. und 14. Jh. hier auf-
gestellt worden.

*Reine Zweckgemeinschaft – der barocke Neubau des Doms will nicht so recht zum mittel-
alterlichen Campanile passen*

In einem der Kreuzgänge der ehemaligen Benediktinerabtei von San Vitale ist heute das **Museo Nazionale** 4 (Di – So 8.30 – 19.30 Uhr) untergebracht. Das Erdgeschoss präsentiert Grabungsfunde aus Classe sowie Grabstelen und Plastiken aus römischer Zeit, der 1. Stock verschiedene Sammlungen, von antiken Münzen über mittelalterliche Marmorschranken bis zu Elfenbein- und Bronzearbeiten. Glanzstück des Museums ist ein *Freskenzyklus* aus der Frührenaissance (Anfang 14. Jh.) mit Szenen aus dem Neuen Testament. Pietro da Rimini, ein Zeitgenosse Giottos, schuf diese ausdrucksstarken und bewegten Bilder für das Klarissinenkloster S. Chiara.

Über die Piazza del Popolo und die Via Rasponi gelangt man zum **Duomo** 5, dessen Ursprünge bis ins 4. Jh. zurückreichen. Ende des 18. Jh. wurde die frühchristliche Kirche durch einen barocken Neubau ersetzt. Von der alten Domausstattung blieben einzig drei spätantike Sarkophage und die turmartige Kanzel des Bischofs Agnellus (Mitte 6. Jh.) mit seinen zart gearbeiteten Tierreliefs erhalten. Neben dem Dom erhebt sich das Anfang des 5. Jh. errichtete achteckige **Battistero Neoniano** 6 (auch Baptisterium der Orthodoxen, April – Sept. tgl. 9 – 19 Uhr, sonst tgl. 9.30 – 16.30 Uhr). Der äußerlich schlichte Ziegelbau ist nach dem *Erzbischof Neon* (451 – 460) be-

nannt, der den Sakralbau vollenden und mit großflächigen Mosaiken, Stuck und Marmor ausstatten ließ. In der Kuppel gruppieren sich auf kobaltblauem Grund zwölf Apostel um das Medaillon mit der Taufe Christi im Jordan. Auf ihren Händen tragen sie eine mit Edelsteinen besetzte symbolische Märtyrerkrone. Ein zweiter Kreis zeigt eine Reihe von Nischen mit Altären, auf denen die aufgeschlagenen Evangelien liegen, und Throne, die auf die Allmacht und Göttlichkeit Christi hinweisen.

Im benachbarten Bischofspalast ist das **Museo Arcivescovile** 7 (Erzbischöfliches Museum, April – Sept. tgl. 9 – 19 Uhr, sonst tgl. 9.30 – 16.30 Uhr) untergebracht. Hauptattraktion der Sammlung ist der *Elfenbeinthron* des Bischofs Maximian aus der Mitte des 6. Jh., ein Meisterwerk der Schnitzkunst mit Darstellungen der vier Evangelisten, Johannes des Täufers und Szenen aus dem Neuen Testament sowie Episoden aus dem Leben des Stammvaters Joseph. Ein Kleinod des Bischofspalastes ist das **Oratorio di Sant'Andrea** (zzt. geschl.). Erzbischof Petrus II. ließ es Anfang des 6. Jh. erbauen und mit Mosaiken des kämpferischen und triumphierenden Christentums ausgestalten. Über der Tür des Vorraums empfängt ein siegessicherer, als Soldat gekleideter Christus den Besucher. Im goldgrundigen Kreuzgewölbe prangt in einem Medaillon das Christusmonogramm, umgeben von den Symbolen der vier Evangelisten und vier Engeln.

Pilgerstätte des bedeutendsten italienischen Dichters – die Tomba di Dante

Südlich der Piazza del Popolo liegt die **Tomba di Dante** 8 (tgl. 9 – 12 und 14 – 17 Uhr), die Grabstätte des großen florentinischen Dichters, der mit Petrarca und Boccaccio das Dreigestirn der italienischen Literatur bildet. Seine beiden letzten Jahrzehnte verbrachte Dante Alighieri im Exil, zuletzt beim ravennatischen Potentaten Guido Novello da Polenta, in dessen Haus er am 14. September 1321 verstarb. Die Trauerfeier fand in der angrenzenden Kirche San Francesco statt. Lange Zeit hielten die Franziskanermönche die sterblichen Überreste des Dichters versteckt, um sie vor dem Zugriff der Florentiner zu schützen, die sich nach dem Tod des Dichters wieder ihres berühmten Sohnes erinnert hatten. Erst 1865 wurde die Graburne in einem kleinen klassizistischen Tempel bestattet. Zum Gedenken an den Dichter finden in San Francesco Lesungen aus der *Divina*

Commedia statt. – Wie sehr das Bodenniveau von Ravenna vom Absinken bedroht ist, belegt die Krypta von **San Francesco** ❾ (5. Jh.). 1¹/₂ m hoch steht das Wasser in der Unterkirche, auf deren Grund farbige Mosaike schimmern und Goldfische leuchten.

Eintauchen in die faszinierende Unterwasserwelt Ravennas – Krypta von San Francesco

Die Kirchen der ›Ketzer‹

Neben katholischen Kirchen entstanden im östlichen Teil der Stadt auch Bauten, die dem arianischen Kult geweiht waren. Die Arianer nannten sich nach dem Presbyter Arius, der das Dogma der Dreieinigkeit und damit die Göttlichkeit Christi ablehnte. Obwohl der **Arianismus** auf dem Konzil von Nicäa 325 als Häresie verurteilt worden war, blieb er unter Theoderich die Staatsreligion der Ostgoten. Erst nach dem Sieg der Byzantiner über die Ostgoten wurde sie endgültig verboten.

Von der einstigen Kathedrale der Arianer, die der ›Anàstasis‹, der Auferstehung, geweiht war, blieb kaum etwas erhalten. Wie andere arianische Gotteshäuser auch wurde die heute **S. Spirito** ❿ (April–Sept. tgl. 9.30–12.30 und 15–18 Uhr, sonst tgl. 9.30–12.30 und 15–16 Uhr) genannte Kirche bereits Mitte des 6. Jh. für den katholischen Kult genutzt. Trotz späterer Umbauten, bei denen der Mosaikschmuck verloren ging, blieb der großartige Raumeindruck bewahrt. Durch einen Renaissance-Portikus gelangt man in die dreischiffige Basilika, deren Hauptschiff durch vierzehn Säulen mit byzantinischen Kapitellen und Kämpfern von den Seitenschiffen getrennt ist.

Gegenüber der Eingangsfront erhebt sich der achteckige **Battistero degli Ariani** ⓫ (tgl. 8.30–19.30 Uhr), der nach

Hier dreht sich alles um die Taufe Christi – Kuppelmosaik des Baptisteriums der Arianer

dem gotisch-byzantinischen Krieg Mitte des 6. Jh. in ein Oratorium zu Ehren von *S. Maria in Cosmedin* umgeweiht wurde. Die gut erhaltene Mosaikausstattung wiederholt in kleinerem Maßstab das Programm des Battistero Neoniano, doch die Mosaike sind strenger komponiert und die Farben weniger nuancenreich. Statt vor dem blauen Bildgrund römischer Tradition heben sich die Figuren vor glänzendem Goldgrund ab – eine für die weitere Entwicklung der byzantinischen Kunst folgenreiche Neuerung. Erstmals werden auch die Apostel mit einem Nimbus dargestellt.

Nahebei verläuft die Via di Roma, die der Trasse der antiken *Fossa Augusta* folgt,

des schiffbaren Kanals, den Kaiser Augustus als Verbindung zwischen der Stadt und dem Hafen Portus Classis erbauen ließ. An dieser Straße stößt man **TOP TIPP** auf einen der architektonischen Höhepunkte Ravennas, **Sant'Apollinare Nuovo** ⑫ (April – Sept. tgl. 9 – 19 Uhr, sonst tgl. 9.30 – 16.30 Uhr), die einstige Pfalzkapelle der Ostgoten. Theoderich d. Gr. ließ den Sakralbau 519 nach dem Sieg über Odoaker erbauen. Im 9. Jh. wurde der *hl. Apollinaris*, dessen Reliquien man aus Furcht vor Überfällen von Classe nach Ravenna gebracht hatte, zum Kirchenpatron. Damals erhielt der Bau auch seinen eleganten, mit Biforien durchbrochenen Campanile. Heute betritt man die dreischiffige Basilika durch

Selbstbewusst präsentiert sich Kaiserin Theodora im Mosaik von San Vitale ihren Untergebenen

Femme fatale und Kaiserin

Streng und unnahbar wirkt die byzantinische Kaiserin **Theodora** *(496/97–548) auf den Herrscherbildnissen in San Vitale. Mit ihrem Nimbus scheint sie sich gottgleich über die Menschen zu erheben.*

Ihr Leben verbrachte sie aber keineswegs immer im Elfenbeinturm des byzantinischen Hofes. Die Tochter eines Bärenwärters und einer Akrobatin war zunächst als Schauspielerin im Hippodrom von **Konstantinopel** *bekannt. Leicht geschürzt erheiterte sie mit gewagten Darbietungen das erregte Publikum. Ihre parodistische Interpretation des Jupiter-Leda-Mythos, bei der sich der Göttervater, um die Spartanerin*

zu verführen, in einen Schwan verwandelt, erlangte durch den Historiker **Prokop** *Berühmtheit. In seiner ›Anekdota‹, der einzigen historischen Quelle zu Theodoras Leben, empört er sich: »…nur um Lenden und Scham ein Tuch, (…) legte sie sich rücklings auf den Boden, und eigens dafür bestimmte Sklaven streuten Gerstenkörner auf ihre Scham, die dann von Gänsen (…) mit ihren Schnäbeln Korn für Korn aufgefressen wurden.« Prokop, der das Vorleben der Kaiserin wohl nur aus Erzählungen ältlicher Offiziere und Senatoren kannte, wird nicht müde, sie in seiner Schmähschrift als »persönlich ohne jede Scham (…) bar allen menschlichen Empfindens« zu verunglimpfen.*

Die attraktive, intelligente und selbstbewusste Kaiserin muss dem standesbewussten Historiker ein Dorn im Auge gewesen sein. Als Gemahlin von **Justinian**, *der, um sie zu heiraten, eine Gesetzesänderung erwirkt hatte, wurde sie zur Mitregentin und engsten Beraterin des Kaisers. Keineswegs wollte sie nur die Rolle der politisch unbedeutenden ›First Lady‹ spielen. Mut und Entschlossenheit bewies sie während des so genannten* **Nika-Aufstandes**, *als in Konstantinopel wegen der hohen Steuerlast heftige Aufstände ausbrachen. Der Kaiser trug sich bereits mit Fluchtgedanken, als Theodora ausrief: »Wenn du dich, mein Kaiser, in Sicherheit bringen willst, dann bitte! (…) Was mich betrifft, ich halte mich an die alte Weisheit: Der Purpur ist ein schönes Leichentuch!«*

einen Portikus im Stil der Renaissance. Je zwölf aus griechischem Marmor gefertigte monolithische Säulen korinthischer Ordnung trennen die Kirchenschiffe voneinander. Leuchtende **Mosaikbilder** auf goldenem Grund füllen die Langseiten des Hauptschiffes. Das obere Friesband zeigt lebhaft und farbenreich gestaltete Episoden aus dem Wunderwirken und der Passion Christi. Darunter stehen mit römischen Togen bekleidete Propheten und Patriarchen. Die ursprüngliche Darstellung im unteren Fries, eine feierliche *Prozession Theoderichs* mit Würdenträgern, wurde unter Bischof Agnellus (557–579), der die arianischen Kirchen nach einem Edikt Justinians in katholische Gotteshäuser umweihte, teilweise ersetzt. Jede Erinnerung an den ostgotischen Herrscher und seinen ketzerischen arianischen Glauben sollte ausgelöscht werden. Vor einer blühenden Paradieslandschaft schreitet nun auf der rechten Seite eine Prozession weiß gekleideter Märtyrer zum thronenden Christus, während auf der linken Seite die Heiligen Drei Könige prächtig gekleidete Jungfrauen zur thronenden Maria mit Kind führen.

Im Realismus der Gesten und der Plastizität der Figuren sind die Mosaike aus der Zeit Theoderichs noch der hellenistisch-römischen Tradition verpflichtet.

Oben: *Goldfunkelnder Bilderteppich – der Zug der Heiligen Drei Könige in Sant' Apollinare Nuovo*

Unten: *Die frühchristliche Basilika Sant' Apollinare Nuovo wird von einem mittelalterlichen Campanile flankiert*

Auch der Barock blühte im überwiegend frühchristlichen Ravenna – hier die beschwingte Fassade von S. Maria in Porto

Die Mosaike aus der Zeit Justinians entsprechen dagegen mit ihrem imperialen Charakter bereits der byzantinischen Tradition. Interessant ist die Darstellung des Palastes von Theoderich, den man bei der ›Ketzeraustreibung‹ in ein Geisterhaus

Wie ein Fels in der Landschaft – das kompakte Grabmal des Theoderich in Ravenna

verwandelt hat: Die Personen wurden einfach wegretuschiert und durch Vorhänge ersetzt. Vereinzelt sind noch ein Arm oder eine Hand zu erkennen.

Wenige Schritte von Sant'Apollinare Nuovo stößt man auf Mauerreste, die fälschlich als **Palazzo di Teodorico** ⑬ bezeichnet werden. Doch die elegante Backsteinfassade stammt erst aus dem 7. oder 8. Jh.

Folgt man der Via Roma in südlicher Richtung, erreicht man alsbald die in der Spätrenaissance entstandene Klosterkirche **S. Maria in Porto** ⑭ (1553–1659) und die benachbarte zweigeschossige *Loggetta Lombardesca* (1503–18), die heute die **Pinacoteca Comunale** ⑮ (Di – Sa 9 – 13.30, Di, Do/Fr, So/Fei auch 15 – 18 Uhr) beherbergt. Sie bietet einen Überblick über die Malerschule von Ravenna. Besuchermagnet ist die bewegende Plastik des Tessiner Bildhauers Tullio Lombardo ›Guidarello Guidarelli auf dem Totenbett‹ (1525).

Etwa 1 km außerhalb des Stadtzentrums, unweit der kläglichen Überreste der venezianischen Zwingburg **Rocca di Brancaleone** ⑯ (1457–70), erhebt sich einsam das um 520 erbaute **Mausoleo di Teodorico** ⑰ (April – Sept. tgl. 9 – 19 Uhr, sonst bis 16.30 Uhr). Es liegt am Rande des antiken Feldes *Coriandro*, das den Goten als Begräbnisplatz diente. Das aus großen Blöcken istrischen Kalksteins in technisch meisterhaftem Steinfugenschnitt gearbeitete Grabmal des Theoderich besteht aus zwei Geschossen. Im unteren, zehneckigen Teil wird jede Seite von einer weiten und tiefen Nische geschlossen, über der sich aus verzahnten Steinblöcken gebildeter Rundbogen erhebt. Das obere Geschoss ist gleichfalls zehneckig, seine Seiten werden aber von je zwei rechteckigen Blendnischen eingenommen. Darüber liegt eine 3 m dicke und 300 t schwere flache Kuppel, die bei einem Durchmesser von 11 m aus einem Stück gefertigt ist. Das Innere des Grabmals, ebenfalls mit Nischen versehen, birgt im oberen Geschoss den riesigen Porphyr-sarkophag Theoderichs.

Von hier aus kann man weiter auf der Via delle Industrie zum Seebad **Marina di Ravenna** fahren, dem angenehmen Badestrand der Ravennaten. Freie Strandabschnitte wechseln mit gut ausgerüsteten Strandbädern, bei denen auch Kinder auf ihre Kosten kommen.

Ein guter Tropfen, oder auch zwei oder drei – die Ca' de' Vèn begeistert durch ihre große Weinauswahl

Praktische Hinweise

Information: IAT, Via Salara 8/12, Tel. 0 54 43 54 04, Fax 05 44 48 26 70, Internet: turismo.ravenna.it, Mo – Sa 8.30 – 19, Winter bis 18 Uhr, So 10 – 16 Uhr. – Weitere Infostellen beim Mausoleo di Teodorico, in der Via Maggiore 122 und bei Sant'Apollinare in Classe

Hotels

*** **Cappello**, Via IV. Novembre 41, Tel. 05 44 21 98 13, Fax 05 44 21 98 14, Internet: www.albergocappello.it. Elegantes Hotel in einem alten Stadtpalast mit individuell eingerichteten Zimmern und teilweise originalen Balkendecken und Freskenbemalung.

*** **Centrale Byron**, Via IV. Novembre 14, Tel. 05 44 21 22 25, Fax 0 54 43 41 14, Internet: www.hotelbyron.com. Einfache, moderne Zimmer im Herzen der belebten Fußgängerzone, direkt hinter der Piazza del Popolo.

*** **Diana**, Via Girolamo Rossi 47, Tel. 0 54 43 91 64, Fax 0 54 43 00 01, Internet: www.hoteldiana.ra.it. Stilvolles Haus im historischen Zentrum mit schönen Mansardenzimmern.

Ostello Dante, Via Aurelio Nicolodi 12, Tel./Fax 05 44 42 11 64. Jugendherberge mit 140 Betten, 3 km vom Stadtzentrum entfernt Richtung Meer. Zu erreichen mit dem Bus 1 vom Hauptbahnhof.

Restaurants

Antica Trattoria al Gallo, Via Maggiore 87, Tel. 05 44 21 37 75. Am Rande des historischen Zentrums pflegt die Familie Turricchia seit 1909 die traditionelle emilianische Küche. Der Weinkeller braucht keine Vergleiche zu scheuen. Gehobene Preisklasse (Mo/Di und So abends geschl.).

TOP TIPP **Ca' de' Vèn**, Via Corrado Ricci 24, Tel. 0 54 43 01 63. Uriges, rustikales Lokal in den alten Weinkellern des Palazzo Rasponi. Tempel der *Piadina romagnola*, einer Art Fladenbrot, das mit Wurst oder Käse serviert wird. Dazu gibt es eine überragende Auswahl regionaler Weine (Mo und im Sommer So mittags geschl.).

La Gardèla, Via Ponte Marino 3, Tel. 05 44 21 71 47. Nur wenige Schritte von der Piazza del Popolo liegt das stets gut besuchte Restaurant. Die fantasievolle, aber bodenständige Küche dominieren Fleisch vom Grill, frisches Gemüse und Fisch (Do geschl.).

24 Sant'Apollinare in Classe

Von glitzernden Steinchen und weißem Gold.

Knapp 5 km außerhalb von Ravenna erhebt sich auf freiem Feld die aus Backstein erbaute **Basilica Sant'Apollinare in Classe** (Mo – Sa 8.30 – 19.30, So 13 – 19 Uhr). Die zwischen 533 und 549 erbaute Grabeskirche des *hl. Apollinaris* gilt als eines der hervorragendsten Beispiele byzantinischer Kunst in Italien. Der hohe zylindrische Glockenturm kam erst im 10. Jh. hinzu. Das weiträumige Gotteshaus beeindruckt durch seinen feierlichen **Innenraum**. Je 24 mit Arkaden verbundene Säulen aus griechischem Marmor, geschmückt mit bewegten byzantinischen Akanthus-Kapitellen, trennen das Hauptschiff von den Seitenschiffen. Der bauliche Zustand entspricht allerdings nicht mehr dem der Entstehungszeit. Durch das Erdbeben im 8. Jh., aber auch durch mehrere Plünderungen ging der Mosaikboden weitgehend verloren. Später wurde die gesamte Marmorvertäfelung entfernt und im Architrav durch Bildnisse einiger Bischöfe von Ravenna ersetzt. Doch die Mosaike des Triumphbogens und der Apsis künden noch vom einstigen Glanz. Der Naturalismus der Spätantike weicht hier ganz dem abstrakten Symbolismus der byzantinischen Kunst.

Die Mosaike des **Triumphbogens** stammen aus dem 7. Jh. Im oberen Streifen ist mit dem segnenden *Christus Salvator* der wichtigste Typus des byzantinischen Christusbildes dargestellt. Im unteren Streifen ziehen je sechs Schafe, als Symbole der Apostel, aus funkelnden Stadtpforten, Jerusalem und Bethlehem, in Richtung Gottes Sohn. Die Mosaike der **Apsiskalotte** aus dem 6. Jh. zeigen die Verklärung Christi, der nur durch ein Gemmenkreuz in einem nächtlichen Sternenhimmel dargestellt wird, flankiert von den Propheten Moses und Elias. Darunter steht inmitten einer blühenden Paradieslandschaft der hl. Apollinaris, umgeben von zwölf Lämmern, die die Gläubigen repräsentieren. An den **Seiten der Apsis** sind rechts Opferszenen dargestellt, Abel opfert das Lamm, Melchisedek Wein und Brot, Abraham seinen Sohn Isaak, und links die Gewährung von Steuerprivilegien für die Kirche von Ravenna durch Kaiser Konstantin IV.

Ausflüge

Nur wenige Kilometer entfernt liegen die Ruinen des römischen Hafens **Portus Classis** (Sommer tgl. 9 – 19 Uhr, Winter tgl. 9 – 16 Uhr), der in spätantiker und byzantinischer Zeit überbaut wurde. Das 120 000 m² große Ausgrabungsgelände wird derzeit noch erschlossen, bisher zugänglich sind lediglich ein Teil des Hafenkanals und die angrenzenden Wohnquartiere.

Reizvoll ist die Umgebung von Classe. Im Südosten erstreckt sich der Pinienwald *Pineta di Classe*, den bereits die Römer angelegt haben, um die Werften mit ausreichend Holz zu versorgen. Heute ist er Teil des weitläufigen **Parco Regionale del Delta del Po** [s. auch S. 90]. Einen unverbauten Sandstrand mit Dünenlandschaft findet man an der Mündung des Bevano. Man erreicht die **Foce di Bevano** über die SS 16. Kurz vor Fosso Ghiaia biegt eine nicht asphaltierte Straße ab und führt vorbei an Angelplätzen und Ferienhäuschen direkt zum Strand (9 km). Zum Naturpark gehören ferner die uralten *Saline di Cervia*, in denen seit dem 9. Jh. Salz gewonnen wird. Bis in die Neuzeit hinein war Cervia ein wichtiger Ausfuhrhafen für das ›weiße Gold‹. An der *Salina Camillone*

Harmonischer Innenraum – Sant'Apollinare in Classe besticht durch den Gegensatz von einfacher Architektur und glanzvollen Mosaiken

Die Unvollendete – weil die finanziellen Mittel für die Marmorauskleidung nicht mehr gereicht haben, steht die Cattedrale San Pietro in Faenza nun ganz ›nackt‹ da

kann man noch heute beobachten, wie das Salz auf traditionelle Weise gewonnen wird (Juni – Sept. Do und So 17.30 Uhr, Treffpunkt am Eingang der Saline). Unweit der ehemaligen Salzmagazine am Kanal von Cervia an der Piazza Pisacane informiert das **Museo della Civiltà Salinara** (Juni – Sept. tgl. 20.30 – 23 Uhr, Okt. – Mai Sa/So 15 – 18 Uhr) über die Arbeit in den Salinen.

Restaurant

Casa delle Aie, Via Ascione 4, Cervia, Tel. 05 44 92 76 31. Romagnolische Küche und Geselligkeit in einem ehemaligen Landarbeiterhaus (Mi geschl.).

25 Faenza

Geburtsstadt der Fayencen.

In Faenza (54 000 Einw.) kommen Keramikliebhaber auf ihre Kosten. In zahlreichen Werkstätten halten Handwerker und Künstler alte Traditionen lebendig und lassen sich bei ihrer Arbeit über die Schulter schauen. Das hervorragende Keramikmuseum gibt einen Einblick in diese jahrhundertealte Tradition.

Geschichte   An das von den Römern im 2. Jh. v. Chr. gegründete *Faventia* erinnert heute nur noch die rechtwinklige Stadtanlage. Bedeutung erlangte Faenza erst im Mittelalter, als es Anfang des 12. Jh. zu einer freien Kommune aufstieg und selbstbewusst dem **Lombardischen Städtebund** beitrat. Gemeinsam setzte man sich gegen die Machtansprüche der deutschen Kaiser Barbarossa und Friedrich II. zur Wehr. Nach langen internen Streitigkeiten gelang es der *Familie Manfredi*, sich als Signori von Faenza durchzusetzen. Unter ihrer zwei Jahrhunderte währenden Herrschaft (1313 – 1501) erlebte die Stadt am Lamone eine kulturelle Blütezeit. Man begann mit dem Bau der Kathedrale und förderte die **Keramikherstellung**. Nach der Belagerung und Einnahme durch den Papstsohn *Cesare Borgia* fiel der Ort 1500 an den Kirchenstaat und dämmerte bis zur Eini-

Traditionen wahren – in Faenza werden Keramikstücke nach alten Mustern bemalt

gung Italiens an der Peripherie. Im Zweiten Weltkrieg wurde Faenza stark bombardiert, doch die tiefen Wunden im Stadtbild sind inzwischen verheilt.

Besichtigung   Der Ort Faenza steht – unübersehbar – ganz im Zeichen der Keramik: Mal kleine, mal große glasierte Terrakottakacheln dienen als Straßen- oder Hausschilder. Über 60 Keramikwerkstätten mit ihrer reichen Produktion an Tellern, Vasen und Kacheln laden zur Besichtigung ein. Und das sehenswerte **Museo Internazionale delle Ceramiche** (Viale Baccarini 19, April – Okt. Di – Sa 9 – 19, So 9.30 – 13 und 15 – 19 Uhr, sonst Di – Fr 9 – 13.30 Uhr, Sa/So 9.30 – 13 und 15 – 18 Uhr) dokumentiert die Entwicklung der Faentiner Fayencen sowie weiterer italienischer Fertigungszentren. Daneben werden aber auch Majoliken anderer europäischer Länder sowie außereuropäischer Kulturen präsentiert, von präkolumbianischen Vasen und China-Porzellan bis zu Einzelstücken berühmter Künstler des 20. Jh. wie *Henri Matisse*, *Marc Chagall* und *Pablo Picasso*.

Aktuelle Keramikprodukte kann man – außer in den Werkstätten – in den ersten Septembertagen auf der von Arkaden gesäumten *Piazza del Popolo* bestaunen, wo ein internationaler Kunsttöpferwettbewerb unter freiem Himmel stattfindet. Von einem der Cafés auf der zentralen Piazza schweift der Blick über die mittelalterliche Kulisse kommunaler Selbstverwaltung: den zinnenbewehrten **Palazzo del Podestà** aus dem 12. Jh. mit seiner nach dem Krieg wieder aufgebauten *Torre dell'Orologio* und den **Palazzo del Municipio**, der im 13. Jh. für eine Volksregierung errichtet, dann aber schnell von der Signoria der Manfredi okkupiert wur-

Eine runde Sache – Schmuckteller im Keramikmuseum von Faenza

 Fayencen aus Faenza

Studenten aus aller Welt strömen nach Faenza, um hier die Kunst der Keramikherstellung zu erlernen. Schon im Mittelalter entwickelte sich die Stadt dank ihrer tonhaltigen Erde zum **führenden Keramikzentrum**. *Die Tonware wurde dabei mit einer weißen Glasur überzogen und mit Scharffeuerfarben bemalt oder mit Ritzzeichnungen dekoriert. Anregend für die Majolika-Fabrikation war vor allem der Import spanischer Keramik gewesen. Teller, Kannen und Kacheln in blauer und*

gelber Farbe wurden mit maurischen Motiven geschmückt. Daneben dominierten **gotische Dekorationsmuster**, *wie sie in der Buchmalerei und Textilkunst verbreitet waren.*

Ende des 15. Jh. befreiten sich die Töpfer von den Fesseln ihrer Vorlagen und entwickelten einen eigenständigen Stil, es entstanden vielfarbige Kompositionen mit biblischen und mythologischen Szenen. Berühmtheit erlangte Faenza in der zweiten Hälfte des 16. Jh. mit den so genannten **Bianchi di Faenza**. *Die Tonware wurde mit einer stark deckenden weißen Zinnglasur überzogen und mit sehr zarten Ornamenten geschmückt. Die Stücke erfreuten sich so großer Beliebtheit, dass sich für glasierte Keramik der Name* **Fayencen** *einbürgerte. Doch die starke Verbreitung chinesischen Porzellans ab dem 17. Jh., die erfolgreichen Versuche der Europäer, dieses keramische Erzeugnis nachzuahmen, und schließlich die Entwicklung des Steinguts in England im 18. Jh. machten eine Umorientierung auf die neuen Trends notwendig. Erst zu Beginn des 20. Jh. besann man sich wieder auf die traditionellen Herstellungsverfahren und klassischen Formen. Heute vertreten die Keramikkünstler von Faenza die unterschiedlichsten Stilrichtungen. Traditionelle Ware findet sich neben experimentellem Design, Kunst neben Kitsch.*

de. Auf der angrenzenden *Piazza della Libertà* erhebt sich die **Cattedrale San Pietro**, die 1474 unter der Leitung des toskanischen Architekten Giuliano da Maiano im Stil der Frührenaissance begonnen wurde. Nach über 100-jähriger Bauzeit weihte man die Kirche schließlich, doch blieb die Fassade unvollendet – nur der Sockel zeigt die ursprünglich vorgesehene Marmorverkleidung. Als Meisterwerk der Frührenaissance gilt die **Arca di San Savino** (1497–1537) im Inneren, das Grabmal des hl. Savino, das *Benedetto da Maiano*, der Bruder des Architekten, schuf. In zarten Marmorreliefs schildert er das Leben und Sterben des Märtyrers, der einer Legende nach Bischof von Faenza gewesen sein soll.

Praktische Hinweise

Information: IAT, Piazza del Popolo 1, Tel./Fax 0 54 62 52 31, Internet: www.prolocofaenza.it. Mai–Sept. Mo–Sa 9.30–12.30 und 15.30–18.30, So 9.30–12.30 Uhr, sonst Di–Sa 9–12.30 und 15.30–17.30 Uhr, Do nachm. geschl. Hier ist eine Broschüre mit Stadtplan und Adressen der örtlichen Keramikwerkstätten erhältlich.

Weitblick – die Rocca von Brisighella begeistert durch ihre herrliche Lage und die überragende Aussicht

Hotel

**** **Vittoria**, Corso Garibaldi 23, Tel. 0 54 62 15 08, Fax 0 54 62 91 36, Internet: www.hotel-vittoria.com. Zentral gelegen in einem Palazzo des 16. Jh.

Restaurants

Enoteca Astorre, Piazza della Libertà 16a, Tel. 05 46 68 14 07. Vorzügliche Weine zu romagnolischen Gerichten im Schatten des Doms. Günstige Mittagsangebote (So geschl.).

Marianaza, Via Torricelli 21, Tel. 05 46 68 14 61. Gemütliche alteingesessene Trattoria, die bereits von Künstlern und Literaten der Zeit um 1900 geschätzt wurde. Bei entsprechender Witterung brutzelt das Fleisch am offenen Kamin (Mi geschl.).

26 Brisighella

Von mittelalterlichen Festen und unterirdischen Höhlen.

Olivenhaine, Weinberge und seit neuestem auch Kiwipflanzen umgeben das malerische Brisighella, das nicht nur wegen seines ausgezeichneten Olivenöls *Brisighello* einen Besuch lohnt. Bereits die Gallier und Römer schätzten den Ort aufgrund seiner heißen Mineralquellen. Ende des 13./Anfang des 14. Jh. begann man mit der Befestigung der umliegenden Bergkuppen, zunächst entstand der Uhrturm, dann die aus zwei zylindrischen Türmen bestehende **Rocca**. Letztere beherbergt heute das *Museo del Lavoro Contadino* (zzt. geschl.), das über das bäuerliche Leben der Region informiert.

Von der zentralen Piazza Marconi erreicht man über eine Treppe die originelle **Via degli Asini** (auch Via del Borgo), einen überdachten Arkadengang, der, weil am Hang kein Platz für eine Straße war, mitten durch ein mehrstöckiges Haus führt. Hinter den hölzernen Türen verbargen sich früher Warenlager, heute Wohnungen und kleine Läden. Ende Juni/Anfang Juli finden vor dieser stimmungsvollen Altstadtkulisse die mitreißenden *Feste Medievali* statt. Die Bewohner kleiden sich dann in mittelalterliche Kostüme, Gaukler und Händler bevölkern die Plätze, auf denen Stände mit mittelalterlichen Speisen locken.

Ausflug

Ein einzigartiges Naturschauspiel bietet der Besuch der mehr als 12 km langen Gipsader **Vena del Gesso** ca. 3 km westlich von Brisighella. Eine typische, von Dolinen und Karren geprägte Karstlandschaft setzt sich unterirdisch in einem weit verzweigten Netz von Grotten und Höhlen fort. Unter der Leitung eines Speläologen können sonntags einige dieser Höhlen, z. B. die bereits in der Steinzeit genutzte *Grotta Tanaccia*, besucht werden (nach Voranmeldung, Mobil-Tel. 34 02 51 34 04). Stiefel, Helm und Schutzanzug stehen zur Verfügung.

Praktische Hinweise

Information: IAT Brisighella, Piazzetta Porta Gabalo 5, Tel./Fax 0 54 68 11 66, Internet: www.racine.ra.it/sda/truismo. Mo – Sa 9 – 12 und 15 – 17 Uhr bzw. Juli/Aug. 16 – 18 Uhr

Hotels

TOP TIPP **** **Relais Torre Pratesi**, Via Cavina 11, Cavina, Tel. 0 54 68 45 45, Fax 0 54 68 45 58, Internet: www.torrepratesi.com. Stilvoll eingerichtete Zimmer und Suiten in einem Geschlechterturm aus dem 16. Jh. und einem angeschlossenen Wohnhaus aus dem 19. Jh. Mit Schwimmbad, Klavierzimmer und Bibliothek.

*** **La Meridiana**, Viale delle Terme 19, Brisighella, Tel./Fax 0 54 68 15 90, Internet: www.lameridianahotel.it.

Angenehmes Kurhotel mit Garten direkt am Ufer des Lamone.

Restaurants

Cantina del Bonsignore, Via Recuperati 4a, Brisighella, Tel. 0 54 68 18 89. Verlockende Küche in den Kellergewölben eines antiken Palazzo. *Strozzapreti*, ›Priesterwürger‹ in Balsamessig, *Cappesante gratinate*, gratinierte Jakobsmuscheln, *Semifreddo al torrone* und zuletzt einen Espresso aus der Gaggia-Maschine von 1935 (Mi geschl.).

Osteria la Grotta, Via Metelli 1, Brisighella, Tel. 0 54 68 18 29. Erlesene Gerichte in einer Kreidegrotte. Gutes Preis-Leistungs-Verhältnis (Di geschl.).

27 Forlì

Eine Stadt voller Kontraste in zauberhafter Landschaft.

Die Provinzhauptstadt Forlì (107 000 Einw.), einst vom Bombenhagel des Zweiten Weltkriegs schwer getroffen, hat mehr zu bieten, als es die tristen Neubauviertel zunächst vermuten lassen. Einen interessanten Kontrast zu den Eingriffen der faschistischen Ära und den Bauten der Nachkriegszeit bieten das mittelalterliche Zentrum und der von Renaissancepalästen gesäumte Corso Garibaldi.

Geschichte Das an der Via Emilia gelegene Forlì wurde im 2. Jh. v. Chr. als Forum Livii von den **Römern** gegründet.

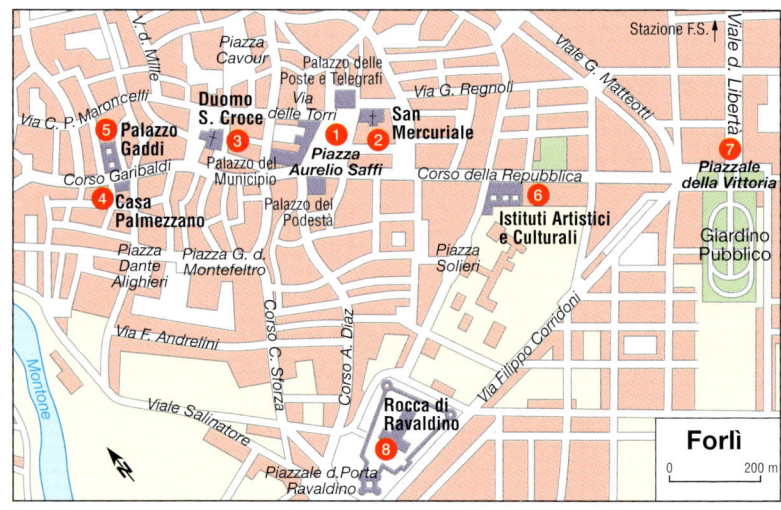

Forlì

0   200 m

Die auf allen Seiten von Arkadengängen gesäumte Piazza Saffi in Forlì hat den Bogen raus

Im Mittelalter geriet die Stadt nach kurzzeitiger kommunaler Unabhängigkeit unter die Herrschaft der *Ordelaffi* (1315–1480) und der *Riario-Sforza* (1480–1500) und erlebte eine Epoche des Aufschwungs. Die Signori ließen historische Bauten erneuern und am südlichen Stadtrand die Wehrburg Rocca di Rivaldino anlegen. Nach erbittertem Kampf eroberte der blutrünstige *Cesare Borgia*, vom päpstlichen Vater Alexander VI. zum **Herzog der Romagna** ernannt, im Jahr 1500 die Stadt. Bis zu den Italienfeldzügen Napoleons sollte sie dem Kirchenstaat unterstehen. Nach der Einigung des Landes setzte sich Forlì gegen Cesena und Rimini durch und wurde in den Rang einer **Provinzhauptstadt** erhoben. Seit 1992 trägt die Provinz die Doppelbezeichnung Forlì-Cesena.

Besichtigung Bereits auf der arkadengeschmückten **Piazza Aurelio Saffi** ❶ offenbart sich das kontrastreiche Stadtbild. Mehrere Paläste säumen den weiten Platz: der im 15. Jh. errichtete *Palazzo del Podestà* mit seiner restaurierten mittelalterlichen Fassade, daneben der mit seinen zweibogigen Fenstern am venezianischen Stil orientierte *Palazzo Albertini*, der Anfang des 16. Jh. entstand. Es folgen der imposante *Palazzo del Municipio*, der jahrhundertelang Herrschafts-

sitz der Ordelaffi und Riario-Sforza war und Anfang des 19. Jh. mit einer klassizistischen Fassade versehen wurde, und im Nordosten der *Palazzo delle Poste e Telegrafi* von 1932, der mit seiner monumentalen Formensprache die neuen Möglichkeiten der Nachrichtenübermittlung zur Zeit des Faschismus feiert.

Wie ein erhobener Zeigefinger scheint der himmelstürmende, 76 m hohe romanische Campanile (1178–80) auf das älteste Bauwerk des Platzes hinzuweisen: die schlichte Abteikirche **San Mercuriale** ❷, die im 12. Jh. begonnen und in den folgenden Jahrhunderten immer wieder erweitert wurde. Aus der unverputzten Backsteinfassade sticht die Lünette des marmornen Hauptportals mit einem Relief hervor, das den ›Traum‹ und die ›Anbetung der Heiligen Drei Könige‹ (13. Jh.) schildert. Des erzählerischen Stils wegen wird es dem *Meister der Monatsdarstellungen von Ferrara* zugeschrieben. Im dreischiffigen **Inneren**, im rechten Seitenschiff, wacht ein romanischer Portallöwe als letztes Zeugnis der ursprünglichen Ausstattung über das vom Florentiner Bildhauer *Francesco di Simone Ferrucci da Fiesole* geschaffene marmorne **Renaissancegrab** für Barbara Manfredi (1466), Frau des Stadttyrannen Pino III. Ordelaffi. Ein Meisterwerk der Frührenaissance, das die Figur der Verstorbenen sehr natürlich auf dem Deckel des Sarkophags liegend wiedergibt.

Über die Via delle Torri gelangt man zur *Piazza Ordelaffi* mit dem 1841 vollständig umgebauten und mit einer klassizistischen Vorhalle versehenen **Duomo S. Croce** ❸. Das Taufbecken von Giovanni Ricci (1504) mit Szenen aus dem Leben Johannes des Täufers und des hl. Valerian im rechten Seitenschiff stammt ebenso noch von der Ausstattung des Vorgängerbaus (12. Jh.) wie der alte Holzschnitt (14. Jh.) mit der Darstellung ›Maria mit Kind‹, der sich in der prunkvoll ausgestatteten *Cappella della Madonna del Fuoco* hinter einem Vorhang, der nur zu besonderen kirchlichen Festen geöffnet wird, versteckt.

Entlang des Corso Garibaldi liegen einige sehenswerte Palazzi und Wohnhäuser. Die originelle **Casa Palmezzano** ❹ (15. Jh.), das Wohnhaus des bekannten Malers, besitzt einen Säulengang, der aus einem System von doppelten Schwebebögen, die in Tropfenkapitellen enden, besteht. Der mächtige **Palazzo Gaddi** ❺ direkt gegenüber beherbergt heute eine Abteilung des *Museo Etnografico Romagnolo* (Di – So 9 – 12.30 Uhr) mit einigen nachgestellten typischen Handwerksbetrieben. Ein weiterer Museumskomplex befindet sich in entgegengesetzter Richtung am Corso della Repubblica in den **Istituti Artistici e Culturali** ❻ (Di – Sa 9 – 13.30, Di, Do auch 15 – 17.30, So 9 – 13 Uhr). Er umfasst das *Museo Archeologico* mit Funden von der Villanova-Kultur bis zur Römerzeit aus der Umgebung von Forlì sowie die *Pinacoteca*. Die *Mesola,* Gemäldesammlung präsentiert Werke von Fra Angelico, Guercino und Carlo Cignani.

Am Ende des Corso della Repubblica öffnet sich der weite **Piazzale della Vittoria** ❼, auf den alle Straßen zulaufen. Mussolini plante im Südosten der Stadt eine ›Città del Duce‹. Der Aufmarschplatz wird von faschistischen Propagandagebäuden wie der Luftfahrtschule gerahmt, die militärische Disziplin und militärischen Fortschritt verherrlicht.

Über die Via Filippo Corridoni erreicht man die Ende des 15. Jh. erbaute quadratische Festung **Rocca di Ravaldino** ❽ mit ihren zylindrischen Ecktürmen. Sie wurde berühmt als Schauplatz des erbitterten Widerstandes, den die mutige *Caterina Sforza* dem vom Papst zum Herzog der Romagna ernannten Cesare Borgia entgegensetzte. Letztlich unterlag sie der militärischen Übermacht. Seitdem prangt an der Stirnmauer der Festung das Wappen der Borgia mit dem kleinen Stier.

Ausflug

Neugierige zieht es auf schöner Strecke über das burgbewehrte Forlimpopoli in das 16 km entfernte ländliche **Predappio**. In dem 3200-Seelen-Dorf wurde *Benito Mussolini* 1883 geboren und 1957 nach einigem Hin und Her im nahen Friedhof von San Cassiano in Pennino in der Familiengruft bestattet, vor der noch heute Schwarzhemden mit großem Ernst Wache schieben. Wie Forlì entging auch sein Heimatort nicht dem Umbau zu einer faschistischen Musterstadt. Wer nach so viel hohem Pathos und dem etwas makabren Devotionalienhandel Stärkung braucht, kann sich im malerischen *Predappio Alta* in den Kellergewölben der Enoteca *Ca' de Sanzves* am lokalen Sangiovese laben. Die benachbarten Räume beherbergen ein kleines Weinmuseum.

Frohe Botschaft – die Verkündigung, ein Werk aus der Pinacoteca, schuf der aus Forlì stammende Maler Palmezzano 1495

Information: IAT, Viale Marconi 85, Tel. 05 43 71 24 35, Fax 05 43 71 24 50, Internet: www.turismoforlivese.it.

Hotel

**** **Michelangelo**, Via Michelangelo Buonarotti 4/6, Tel. 05 43 40 02 33, Fax 05 43 40 06 15. Modernes Hotel in einem Haus von 1900 am Stadtrand.

Restaurant

La Casa Rusticale dei Cavalieri Templari, Viale Bologna 275, Tel. 05 43 70 18 88. Feine romagnolische Küche in den Gemäuern eines ehemaligen Klosters (So/Mo geschl.).

28 Terra del Sole

Idealstadt der Renaissance.

Knapp 10 km südwestlich von Forlì erhebt sich aus der sanft geschwungenen Hügellandschaft die Idealstadt Terra del Sole, Land der Sonne. Dieses Kleinod der Renaissance wurde 1564 von den Militärarchitekten *Baldassare Lanci* und *Bernardo Buontalenti* im Auftrag von Cosimo I. Medici begonnen und bereits 15 Jahre später vollendet. Die rechtwinklige Stadtanlage mit den symmetrisch angelegten Vierteln *Borgo Romano* und *Borgo Fiorentino* blieb bis heute erhalten. Mittelpunkt des Fleckchens ist die weite **Piazza Garibaldi**, die von den wichtigsten Gebäuden der weltlichen und geistlichen Macht umgeben ist. Einmal im Jahr, Ende August/Anfang September wird der Platz zur Bühne für das farbenprächtige Spektakel *Palio di S. Reparata*. Dann üben sich die mit Kostümen der Renaissancezeit bekleideten Bewohner im Armbrustschießen und Tauziehen.

Durch eine lange Platanenallee mit Terra del Sole verbunden ist das nahe **Castrocaro Terme**. Um den schönen mittelalterlichen Stadtkern mit den Ruinen einer Medici-Festung entwickelte sich nach der Entdeckung jod- und bromhaltiger Quellen Mitte des 19. Jh. eine viel besuchte moderne Thermenanlage.

Information: IAT, Viale Marconi 81, Castrocaro, Tel. 05 43 76 71 62, Fax 05 43 76 93 26, Internet: www.turismoforlivese.it.

April – Okt. tgl. 8 – 13 und 15 – 20 Uhr, sonst 9 – 13, Di auch 15.30 – 17.30 Uhr

Hotels

**** **Grandhotel Terme**, Via Roma 2, Castrocaro, Tel. 05 43 76 71 14, Fax 05 43 76 81 35, Internet: www.jollyhotels.it. Traditionsreiches Haus mit großem Park bei den Thermen.

*** **Garden**, Via Cantarelli 14, Castrocaro, Tel./Fax 05 43 76 63 66. Modernes, ruhiges Haus in der Nähe der Thermen. Mit Schwimmbad im Garten.

Restaurants

Antica Osteria degli Archi, Piazzetta San Nicolò 2, Castrocaro, Tel. 05 43 76 82 81. Herrliche Pastagerichte in rustikalem Ambiente zu Füßen der Rocca (Mo geschl.).

La Frasca, Viale Matteotti 34, Castrocaro, Tel. 05 43 76 74 71. Gourmettempel der Region im Schatten der Rocca Medicea (Di geschl.).

29 Cesena

Von Elefanten und Leseratten.

Umgeben von Weinbergen und klein parzellierten Obst- und Gemüsefeldern erstreckt sich das lebhafte Cesena an den Ausläufern des Apennin.

Geschichte Die Anfänge von Cesena liegen weitgehend im Dunkeln. Vermutlich wurde der Ort zwischen dem 3. und 2. Jh. v. Chr. von den Römern auf einer bereits bestehenden Siedlung gegründet. Die verheerenden Zerstörungen durch die bretonischen Söldnertruppen Papst Gregors XI. von 1377 lassen jedoch keine gesicherten Schlüsse zu. Unter der **Signoria** der berüchtigten *Malatesta von Rimini* (1377 – 1465), die Cesena von Papst Urban VI. als Lehen erhalten hatten, nahm der Ort allmählich wieder Gestalt an. Viele bedeutende Bauten, die Festung auf dem Burgberg, die Kathedrale oder die legendäre Bibliothek, entstanden in dieser Zeit. Als Cesena Anfang des 16. Jh. wieder in den Besitz des **Kirchenstaates** fiel, entstanden zahlreiche Sakralbauten. Kein Zufall, stammten doch zwei Päpste des 18./19. Jh., Pius VI. und Pius VII., aus Cesena. Heute ist die Stadt ein wichtiger Umschlagplatz für Obst und Gemüse, besonders beliebt sind die örtlichen Erdbeeren und die weißen Pfirsiche.

Besichtigung Allein das ehemalige **Franziskanerkloster** (Piazza Bufalini 1, mit dem schönsten Lesesaal der Frührenaissance ist eine Reise nach Cesena wert. Die **Biblioteca Malatestiana** (Mo – Sa 9 – 12.30 und 16 – 19 Uhr, im Winter Mo – Sa 15 – 18, So 10 – 12.30 Uhr), ein einzigartiges Zeugnis humanistischer Kultur, wurde vom Architekten *Matteo Nuti* aus Fano 1447 – 52 nach dem Vorbild von Michelozzos Bibliothek des Klosters San Marco in Florenz entworfen. Der lang gestreckte Saal wird von feinen Marmorsäulen in drei Schiffe geteilt. Rechts und links vom Mittelgang stehen die Pulte, auf denen die Mönche einst antike und christliche Schriften kopierten. Aus der Gründungszeit des Klosters blieben über 300 Kodizes und zahlreiche Frühdrucke erhalten. Und überall erinnert der Elefant, das Wappentier der Malatesta, an den großzügigen Mäzen *Malatesta Novello*, der sich mit der Stiftung dieser öffentlichen Bibliothek selbst ein Denkmal setzte.

In gerader Linie führen die Arkaden der Via Zefferino Re zur *Piazza del Popolo*, auf der mittwochs und samstags ein großer Markt stattfindet. Den Platz beherrschen die gewaltigen Festungsmauern der **Rocca Malatestiana** (15. Jh.), die heute das sehenswerte *Museo della Civiltà Contadina Romagnola* (Di – So 10 – 19 Uhr) mit Zeugnissen bäuerlicher Kultur beherbergt. Im Sommer finden im Innenhof Theater- und Musikaufführungen statt. Auch die **Cattedrale San Giovanni Battista** geht auf die Malatesta zurück. Aus der langen Bauzeit, Ende des 14. Jh. begonnen, Ende des 15. Jh. vollendet, erklärt sich das Stilgemisch aus Spätgotik und venezianischer Renaissance.

Wer gut zu Fuß ist, kann von hier aus einen kurzen Abstecher zu dem etwa 1 km entfernten mittelalterlichen Benediktinerkloster **S. Maria del Monte** unternehmen, das eine interessante Exvoto-Sammlung zeigt. Die liebevoll bemalten kleinen Votivtafeln gewähren einen tiefen Einblick in den Volksglauben des 15. bis 18. Jh.

Ausflug

Nur wenige Kilometer Richtung Forlì liegt auf einem steilen Hügel das malerische **Bertinoro** mit seinen mittelalterlichen Mauern und gewundenen Gassen. Großartig ist der Ausblick vom Vorplatz der Kathedrale, der dem Städtchen den Beinamen ›Balkon der Romagna‹ eintrug. Berühmt ist der Ort für seine Gastfreundschaft, an die die am Rande des Platzes aufgestellte *Colonna delle Anella* erinnert. Sie wurde um 1300 errichtet, um den Hader zwischen den Adelsfamilien beizulegen, die sich darum stritten, wer die ankommenden Fremden beherbergen dürfe. An der Säule wurden Ringe befestigt, die den einzelnen Familien zugewiesen waren. Der Fremde sollte nun von der Familie bewirtet werden, an dessen Ring er sein Pferd festmachte. Heute führt man diesen Brauch fort, wenn auch mit geladenen Gästen, und feiert jeden ersten Sonntag im September das *Festa dell'Ospitalità*, das Fest der Gastfreundschaft.

Praktische Hinweise

Information: IAT, Piazza del Popolo 11, Tel. 05 47 35 63 27, Fax 05 47 35 63 29, Internet: www.comune.cesena.fc.it. Mo – Fr 9.30 – 12.30 und 15.30 – 18.30, Sa 9.30 – 13 und 16 – 19, So 10 – 12.30 Uhr

Hotel
**** **Casali**, Via Croce 81, Tel. 0 54 72 27 45, Fax 0 54 72 28 28,

In der Biblioteca Malatestiana in Cesena wurden einst Handschriften kopiert

Im Zentrum von Cesena öffnet sich die gemütliche Piazza del Popolo

Internet: www.hotelcasalicesena.it. Traditionsreiches Haus mit angenehmen Zimmern und vorzüglicher Küche.

Restaurant
Michiletta, Via Fantaguzzi 26, Tel. 0 54 72 46 91. Wilder Reis mit

Die einst unüberwindbare Rocca Malatestiana steht heute Besuchern offen

Zucchini, Fisch in allen Variationen und viele gute Nachtische in der ältesten Osteria von Cesena. Preiswertes Mittagsmenü (So geschl.).

30 Cesenatico

Seebad mit langer Tradition und langen Sandstränden.

Cesenatico hat etwas, wovon viele andere Badeorte an der Adria nur träumen können: einen schönen historischen Stadtkern. Der Ort wurde bereits im 14. Jh. als Handelshafen von Cesena gegründet. Und als Cesare Borgia Cesenatico einnahm, beauftragte er 1502 keinen Geringeren als *Leonardo da Vinci* mit dem Ausbau des Hafens. Eine Kopie des Bauplans kann man in der Stadtbibliothek einsehen, das Original wird in der Nationalbibliothek Frankreichs in Paris aufbewahrt. Später entwickelte sich der Hafen zu einem beliebten Seebad. Bereits 1878 wurde an dem kilometerlangen feinen **Sandstrand** die erste Badeanstalt eröffnet. Heute kann der Besucher des 22 000 Einwohner zählenden Städtchens zwischen 129 Strandbädern sowie zahlreichen Hotels und Apartments, Bars und Trattorien wählen. Entlang des malerischen Kanals mit seinen pastellfarbenen Häusern erreicht man landeinwärts das

Der kleine Hafen von Cesenatico bietet nur Fischerbooten ausreichend Platz

TOP TIPP **Museo della Marineria**, das einzige ›schwimmende Museum‹ Italiens. Hier schaukeln historische Schiffe und Barken mit ihren herrlich bunten Segeln und erzählen ein Stück Schifffahrtsgeschichte. Sehenswert ist ferner die **Piazza delle Conserve**, benannt nach den ›Conserve‹, konisch zulaufenden Mulden, die die Fischer einst mit Eis füllten, um einen Teil des Fangs längere Zeit aufzubewahren.

Praktische Hinweise

Information: IAT, Palazzo del Turismo, Viale Roma 112, Tel. 05 47 67 44 11, 05 47 67 32 87, Fax 05 47 67 32 88, tgl. 8.30 – 12.30 und 14.30 – 18.30 Uhr, im Sommer durchgehend bis 21 Uhr

Hotels

**** **Britannia**, Viale Carducci 129, Tel. 05 47 67 25 00, Fax 0 54 78 17 99, Internet: www.hbritannia.it. Traditionsreiches Hotel aus den 1920er-Jahren mit angeschlossenem Neubau. Zimmer mit Blick aufs Meer oder den schönen Garten. Eigener Strand und Swimmingpool.

*** **Residenza Lido**, Viale Carducci 51, Tel. 05 47 67 21 94, Fax 05 47 67 27 23, Internet: www.residenzalido.it. Geschmackvoller Bau am Meer mit viel Glas, Marmor und Aluminium. Swimmingpool. Ausgezeichnete Küche im hauseigenen Restaurant ›Lido Lido‹.

Restaurants

La Buca, Corso Garibaldi 41, Tel. 0 54 78 24 74. Fischspezialitäten mit Blick auf den Kanal von Leonardo: Bohnensuppe mit Venusmuscheln oder Steinbutt in Granatäpfeln (Mo geschl.).

Pino, Via Anita Garibaldi 7, Tel. 0 54 77 53 50. Hotelküche mit ausgezeichneten Fischgerichten (Mo geschl.).

31 Rimini *Plan Seite 116*

Inbegriff italienischer Badefreuden.

Wer in Rimini Einsamkeit sucht, ist fehl am Platz. Schier endlos ziehen sich die geraden Reihen von bunten Sonnenschirmen den 15 km langen Sandstrand entlang. Lebhaftes Beachlife, Vergnügungsparks [s. S. 135] und ein turbulentes Nachtleben sorgen für Abwechslung. Doch die Provinzhauptstadt (132 000 Einw.) hat weit mehr zu bieten, besitzt trotz der verheerenden Zerstörungen während des Zweiten Weltkriegs eine ansprechende Altstadt mit Monumenten aus 2000 Jahren.

Geschichte Seine geographisch günstige Lage machte das 268 v. Chr. von den Römern gegründete *Ariminum* zu einem **Knotenpunkt** zwischen der Po-Ebene und der Adria. Hier endete die 220 v. Chr. erbaute Via Flaminia, und hier begann die nach Piacenza führende Via Emilia. Während der Kaiserzeit gehörte der inzwischen zum *Municipium* erhobene Ort zusammen mit Portus Classis bei Raven-

Die Erfindung des Badeurlaubs

Als der Kardinalslegat Luigi Vannicelli Casoni am 1. Juli 1843 das erste Strandbad an der Adriaküste einweihte, ahnte er wohl kaum, dass sich das Fleckchen **Rimini** *einmal zu einem der bekanntesten Badeorte Europas entwickeln würde. Als Pfahlbau errichtet und über einen wackligen Steg mit dem Festland verbunden, zählte das Stabilimento gerade einmal sechs Kabinen: drei für Männer, drei für Frauen.* **Badetourismus** *war damals so verbreitet wie heute Hochradfahren. Bis Mitte des 19. Jh. zog es Sommerfrischler eher in das mondäne Ambiente namhafter Luftkurorte oder Thermalbäder fernab der Küsten. Als man aber die therapeutische Wirkung von Salzwasser und Meeresluft entdeckt hatte, errichtete man erste Hospize für rachitische und tuberkulosekranke Kinder. Mit dem Bau des legendären* **Grand Hotel** *1908 wehte dann mondänes Flair in die Stadt. Der in Rimini geborene Regisseur Federico Fellini schwärmte sein Leben lang von diesem Hotel mit seiner verspielten Zuckerbäckerfassade, das für ihn Istanbul, Bagdad und Hollywood zugleich gewesen ist. Mit dem nostalgischen Film ›Amarcord‹ (romagnolischer Dialekt – ›Ich erinnere mich‹) setzte er diesem und anderen verzauberten Orten seiner Kindheit ein unvergessliches Denkmal.*

Der Ausbau der Eisenbahn ab 1882, Mussolinis Wahl, seine Ferien in Cattolica und Riccione zu verbringen, sowie der Aufstieg breiter bürgerlicher Schichten machten den Strand zwischen Cattolica und Bellaria bald zum **berühmtesten Küstenabschnitt** *Italiens. Glitten die Badenden mit ihren hochgeschlossenen Badeanzügen und langen Badehosen anfangs noch über Treppchen ins heilsame Wasser, entdeckte man nun das Schwimmen als Sport, und die vornehme Blässe wich der gesunden Bräune. Nach dem Krieg brach eine wahre Flut Sonnenhungriger aus ganz Europa über die Adriaküste herein, die sich trotz teils wild wuchernder Betonburgen und einer zeitweiligen Algenpest Sommer für Sommer wiederholte. Am kilometerlangen Sandstrand locken heute knapp 300* **Stabilimenti***, 25 000 Sonnenschirme, 53 000 Strandliegen, 550 Tretboote und, und, und …*

Doch längst gleicht nicht mehr ein Strandbad dem anderen: Im Bagno 26 von Rimini lässt eine sich langsam drehende Liege Bräunungswillige um die Sonne kreisen, und im Bagno 34 von Cattolica erspart eine Fernbedienung das mühevolle Auf- und Zuklappen der Sonnenschirme. Die meisten Bagni locken mit verschiedensten Sportmöglichkeiten. Wem Sonnenbaden und Schwimmen zu wenig Bewegung sind, der kann in Rimini in den **Bagni** **27 und 63** *an modernsten Fitnessgeräten seine Muskeln trainieren.*

TOP TIPP

Auf Sand gebaut – der feine Strand von Riccione lockt Tausende und Abertausende Sonnenhungriger an die Adria

na zu den wichtigsten Adriahäfen der römischen Flotte. Von den Wirren der Völkerwanderungszeit erholte sich die Stadt indes erst im 12. Jh., als sie die **kommunale Unabhängigkeit** erlangt hatte. Gleichzeitig setzte auch der Aufstieg der Malatesta aus Verucchio ein. Sie waren für den Kriegsfall als *Condottieri* verpflichtet worden, schwangen sich aber bereits Mitte des 14. Jh. zu den Herren von Rimini auf. Der kultivierte, aber skrupellose *Sigismondo Malatesta* (1429–61) zog zahlreiche bedeutende Dichter und Künstler wie Filippo Brunelleschi, Piero della Francesca und Leon Battista Alberti an seinen Hof. Nach dem Niedergang des Fürstengeschlechts gehörte die Hafenstadt vom 16. bis zum 19. Jh. zum Kirchenstaat. Erst mit dem Bau der Eisenbahn und der Entdeckung des Badetourismus erlebte Rimini als **Ferienort** einen rasanten wirtschaftlichen Aufschwung. Von *Torre Pedrera* bis *Miramare* erstreckt sich vor der fast durchgehenden Kulisse himmelstürmender Hotels ein feiner Sandstrand, der flach ins Meer ausläuft. Für **Nachtschwärmer** fährt von Mitte Juli bis Ende August der *Treno azzurro* (tgl. 22–5 Uhr) zu den Vergnügungsorten zwischen Ravenna und Cattolica. Für die Umgebung von Rimini steht die knallbunte Buslinie *Blu line* zur Verfügung

Besichtigung   Als Auftakt für die Stadtbesichtigung bietet sich der 27 v. Chr. errichtete, Kaiser Augustus gewidmete **Arco d'Augusto** ❶ an. Aus Travertinblöcken erbaut und von korinthischen Halbsäulen gegliedert, markiert der Bogen das Ende der Via Flaminia und den Anfang der Via Emilia. Den Eintretenden grüßen die Büsten der Schutzgottheiten Jupiter mit Blitz und Apoll mit Leier und Rabe, den Hinaustretenden Neptun mit Dreizack und Venus.

Von hier gelangt man über den Corso d'Augusto, die Flaniermeile der Stadt, zur belebten *Piazza Tre Martiri*, wo einst das römische Forum lag. Weiter geht es über die Via IV Novembre zum beeindruckenden **Tempio Malatestiano** ❷ (Mo–Sa 8–12.30 und 15.30–19, So 9–13 und 15.30–19 Uhr), die einstige gotische Franziskanerkirche, die Sigismondo Malatesta 1447 zu einer monumentalen Grablege für sich und seine Familie umbauen ließ. *Leon Battista Alberti*, Architekturpapst der Renaissance, wurde mit dem Außenbau beauftragt, der Medailleur *Matteo de' Pasti* mit der Anlage der Kapellen im Inneren, die bildhauerischen Arbeiten schuf *Agostino di Duccio*.

Für die mit Marmor und Travertin verkleidete weiße **Fassade** wählte Alberti in Rückgriff auf die Antike das Motiv des dreigeteilten römischen Triumphbogens. Er beabsichtigte, das Motiv in kleinerem Maßstab im Obergeschoss zu wiederholen und durch seitliche Voluten mit dem Erdgeschoss zu verbinden. Eine Lösung, die für den Kirchenbau der Renaissance und des Barock bestimmend werden sollte. Doch kam das Obergeschoss ebenso wie die geplante Kuppel nicht mehr zur Ausführung. Mit dem politischen Niedergang der Malatesta wurden die Arbeiten 1461 eingestellt.

Der einschiffige spätgotische **Innenraum** steht in seiner Schlichtheit in scharfem Kontrast zur prächtigen Ausstattung der Seitenkapellen, die den Ruhm des Auftraggebers preisen. Sein einfaches Renaissance-Grab befindet sich unmittelbar rechts vom Eingang in der 1. Kapelle. Hinter der hölzernen Tür der so genannten **Cappella delle Reliquie** (zwischen der 1. und 2. Kapelle) verbirgt sich ein 1451 von *Piero della Francesca* geschaffenes Fresko, das Sigismondo Malatesta kniend vor seinem Namenspatron, dem hl. Sigismund zeigt. Besonderen Anstoß bei den Zeitgenossen erregte die **Cappella di Isotta** (2. Kapelle

Die Piazza Cavour von Rimini scheint fern des Ferientrubels zu liegen

rechts) mit dem von Matteo de'Pasti geschaffenen Grabmal von Isotta degli Atti. Sie war zunächst die Geliebte und später die dritte Gemahlin von Sigismondo, dem nachgesagt wurde, seine beiden ersten Frauen ermordet zu haben. Neben dem Elefanten, dem Wappentier der Malatesta, findet sich hier das überall wiederkehrende verschlungene Monogramm I/S, das vielfach als Isotta/Sigismondo gedeutet wird. Die 1. Kapelle links beherbergt die von Propheten und Sibyllen umrahmte **Arca degli Antenati e dei Discendenti**, das Grabmal der Ahnen und Nachfahren. Die Reliefs mit der ›Minerva inmitten einer Heldenschar‹ und dem ›Triumph des Scipio Africanus‹, von dem die Malatesta ihr Geschlecht herleiteten, stammen von Agostino di Duccio. Seine an Donatello geschulte Kunst zeigt sich auch in den herrlichen Reliefs der sieben freien Künste (3. Kapelle links).

Obwohl *Giotto* vermutlich nur kurz in der Stadt weilte, hinterließ er einen nachhaltigen Eindruck auf die heimischen Maler. Die unter seinem Einfluss im 14. Jh. entstandene **Malerschule von Rimini** zeichnet sich durch einen sehr erzählerischen und expressiven Stil aus. In der Ende des 13. Jh. errichteten und zuletzt 1720 erneuerten Kirche **Sant'Agostino** ❸ haben sich in der Apsis und in der Kapelle des gotischen Campanile wertvolle Fresken heimischer Meister mit Szenen aus der Mariengeschichte und aus dem Leben Johannes des Täufers erhalten. Von hier sind es nur wenige

Schritte zum **Castello Sismondo** ❹. Die 1438–46 entstandene Burg vermittelt nur noch bedingt den Glanz vergangener Tage. Gegenüber öffnet sich die harmonische **Piazza Cavour** ❺, seit dem Mittelalter das Herz der Stadt. Um den kreisförmigen Brunnen von 1543 gruppieren sich der *Palazzo Garampi* (16. Jh.), der *Palazzo dell'Arengo* (1204–07), das mit seinen offenen Arkaden und dem darüber liegenden Saal für die oberitalienischen Städte so typische Rathaus, und der *Palazzo del Podestà* (14. Jh.).

Geradeaus über den Corso d'Augusto schlendert man weiter zur begrünten **Piazza Ferrari** ❻, an der man 1989 die Reste eines römischen Wohnhauses mit schönen Fußbodenmosaiken entdeckt hat.

Brückenschlag in die Antike – der gut erhaltene Ponte di Tiberio in Rimini

117

Ordnung muss sein, auch im Urlaub – in den Strandbädern von Rimini stehen die Liegen und Sonnenschirme in Reih und Glied

Den Namen *Domus del Chirurgo* (Mitte Juni — Mitte Sept. Di – Sa 10 – 12.30 und 16.30 – 19.30, So 16.30 – 19.30 Uhr, sonst Di – Sa 8.30 – 12.30 und 17 – 19, So 17 – 19 Uhr) verdankt es den reichen Funden an medizinischen Instrumenten, die demnächst im nahen **Museo della Città** ❼ (Di – So 9 – 13.30 und 15.30 – 18.30 Uhr) ausgestellt werden. Außerdem präsentiert das Museum im *Lapidario Romano* weitere archäologische Funde aus der Region. Die *Pinacoteca* stellt Werke der Schule von Rimini vom 14. bis zum 19. Jh. aus. Und weiter geht es über den Corso d'Augusto zur wunderbar erhaltenen römischen Brücke **Ponte di Tiberio** ❽, die zwischen 14 und 21 n. Chr. entstanden ist und in fünf Bögen den Marecchia überspannt. Sie führt ins volkstümliche Fischerviertel von **San Giuliano**, wo man gute Trattorien findet.

TOP TIPP

Praktische Hinweise

Information: IAT Rimini, Piazzale Federico Fellini 3, Tel. 0 54 15 69 02, Fax 0 54 15 65 98, Internet: www. riminiturismo.it. – IAT Rimini FS, Piazza Cesare Battisti, Tel. 0 54 15 13 31, Fax 0 54 12 79 27. Beide Büros: Sommer tgl. 8.30 – 19 Uhr, Winter Mo – Sa 9.30 – 12.30 und 15.30 – 18.30 bzw. 10 – 16 Uhr

Hotels

***** **Grand Hotel Rimini**, Via Ramusio 1, Tel. 0 54 15 60 00, Fax 0 54 15 68 66, Internet: www. grandhotelrimini.com. Legendäres Luxushotel mit Park und Swimmingpool, das auch Fellini schätzte.

**** **Ambasciatori**, Viale Vespucci 22, Tel. 0 54 15 55 61, Fax 0 54 12 37 90, Internet: www.hotelambasciatori.it. Modernes Haus mit Schwimmbad und Park, nur wenige Meter vom Meer entfernt.

*** **Biancamano**, Via Cappellini 1, Tel. 0 54 15 54 91, Fax 0 54 15 52 52, Internet: www.maximilianshotels.it. Gemütliches Hotel mit Schwimmbad, direkt am Hafen gelegen.

Restaurants

Lo Squero, Lungomare Tintori 7, Tel. 0 54 12 76 76. Hier kann man mit Blick aufs Meer vorzüglich Fisch essen.

Oberdan il Corsaro, Destra del Porto 159, Tel. 0 54 12 78 02. Stimmungsvolles Lokal gegenüber dem Kanal. Probieren Sie *Tagliatelle battute*, dünne Tagliatelle mit Zucchini und Garnelen (Mo geschl.).

Osteria de Börg, Via Forzieri 12, Tel. 0 54 15 60 74. Bodenständige Küche mit frischen Pastagerichten in einer Osteria im alten Borgo von San Giuliano (Mo geschl.).

Osteria di Santa Colomba, Via di Duccio 2/4, Tel. 05 41 78 00 48. Gute romagnolische Küche (So geschl.).

32 Riccione und Cattolica

Vergnügen pur an langen Stränden und in schrillen Discos.

Aus einem verschlafenen Nest entwickelte sich um 1900 das Seebad **Riccione**. Dort, wo um 1880 die ersten Villen entstanden waren, erstreckt sich heute die von Boutiquen, Hotels und Cafés gesäumte **Viale Maria Ceccarini**, Laufsteg der allabendlichen *Passeggiata*. Gemeinsam mit Rimini ist Riccione Zentrum der schillernden *Movida romagnola*. Zu den beliebtesten Discos gehören neben dem *Paradiso* in Rimini, das *Prince* in Riccione und das *Byblos* in Misano. Zu den Attraktionen von Riccione zählt auch der riesige Wasservergnügunspark *Aquafan* [s. S. 135], mit dem die Stadt einen Trend schuf, dem bald andere Badeorte folgten. Und natürlich kann man auch hier am kilometerlangen gepflegten Sandstrand zahlreiche Wassersportarten ausüben oder eine der umliegenden Sportanlagen besuchen, die u. a. Golf, Tennis und Beachvolleyball anbieten.

Über *Misano Adriatico*, das von der Architektur der 60er- und 70er-Jahre des 20. Jh. bestimmt ist, gleitet man fast übergangslos nach **Cattolica**. Aus einem römischen Streckenposten an der Via Flaminia entwickelte sich das lebhafte Fischereistädtchen und der besonders bei Deutschen beliebte Badeort. Die vereinzelten Klippen und Felsriffe längs des Sandstrandes künden vom Vorgebirge bei *Gabicce*, von wo aus man einen herrlichen Blick auf die über 100 km lange Adriaküste und das Hinterland genießt. Cattolica und Misano Adriatico wurden 2002 mit der Blauen Fahne für hohe Umweltstandards ausgezeichnet.

Ausflüge

Bis weit in die Marken reicht das liebliche Conca-Tal. Fruchtbares Hügelland mit Weinbergen und Olivenbäumen wechselt mit bewaldeten Tälern und urtümlicher Landschaft. Von Cattolica über Morciano und Gemmano oder von Rimini über San Marino und Montefiore Conca erreicht man die 135 ha große **Riserva Naturale di Onferno**, ein Naturpark mit Dolinen, Karstbrunnen und Grotten, die durch Lösungsverwitterung des Kalksteins im Laufe von Jahrtausenden entstanden sind. Zu besichtigen ist eine riesige *Karsthöhle* (geführte Rundgänge Mitte Juni – Anf. Sept. tgl. 9 – 12 und 15 – 18, Juli/Aug. Sa/So auch 22 Uhr; April,

Obwohl die Burg im Vergnügungspark Aquafan von einem breiten Wassergraben umgeben ist, dürfte ihre Eroberung nicht allzu schwer fallen

Mai, Anfang Juni und 2. Hälfte Sept. Sa/So 15 – 18 Uhr; März und Okt. So 15 – 17.30 Uhr; Nov. – Febr. So 14.30 – 16.30 Uhr), in der u. a. sechs verschiedene Arten von Fledermäusen beheimatet sind.

»Ein Werk von Riesenhand geschaffen in größter Vertrautheit mit Himmel und Erde« nannte Umberto Eco die mächtige *Rocca Malatestiana* (14. Jh.) im mittelalterlichen Städtchen **Montefiore Conca**. Von der Burg genießt man einen herrlichen Blick, der bei gutem Wetter bis an die gegenüberliegende Adriaküste reicht. In der alteingesessenen Keramikbrennerei *Franchetti* (Via Roma 9) werden Vasen noch nach alten Vorlagen bemalt.

Die beste Adresse in Rimini – das an der Uferpromenade gelegene Grand Hotel

Praktische Hinweise

Information: IAT, Piazzale Ceccarini 10, Riccione, Tel. 05 41 60 56 27, Fax 05 41 60 57 52, Internet: www.comune. riccione.rn.it. Juni – Aug. tgl. 8 – 22 Uhr. – IAT, Via Matteotti 46, Cattolica, Tel. 05 41 96 33 41, Fax 05 41 96 33 44, Internet: www.cattolica.it. Sommer tgl. 8 – 22 Uhr, sonst Mo – Sa 8 – 14 Uhr

Hotels

***** **Grand Hotel des Bains**, Viale Gramsci 56, Riccione, Tel. 05 41 60 16 50, Fax 05 41 69 77 72, Internet: www.grandhoteldesbains.com. Traditionsreiches Luxushotel mit unterschiedlich eingerichteten Zimmern und zwei Schwimmbädern.

**** **Lungomare**, Lungomare della Libertà 7, Riccione, Tel. 05 41 69 28 80, Fax 05 41 69 23 54, Internet: www. lungomare.com. Komfortables Haus mit Pool, Sportanlagen und Kinderklub.

**** **Park**, Lungomare Rasi Spinelli 46, Cattolica, Tel. 05 41 95 37 32, Fax 05 41 96 15 03, Internet: www. parkhotels.it. Angenehmer Familienbetrieb direkt am Meer.

*** **Belvedere**, Viale Gramsci 95, Riccione, Tel./Fax 05 41 60 15 06, Internet: www.belvederericcione.com. Gemütliches Hotel mit großem Garten, spezielle Angebote für Kinder.

*** **Dory**, Viale Puccini 4, Riccione, Tel. 05 41 64 28 96, Fax 05 41 64 45 88, Internet: www.hoteldory.it. Modernes Haus mit schattigem Garten.

Restaurants

Al Casale, Viale Abruzzi, Riccione, Tel. 05 41 60 46 20. Familienbetrieb mit romagnolischer Küche (Mo geschl.).

Azzurra, Piazzale Azzarita, Riccione, Tel. 05 41 64 86 04. Teures In-Lokal am Meer. Über 40 Antipasti. Spezialität: *Stringhetti alle ostriche*, hausgemachte schleifenförmige Nudeln mit Austern.

La Lampara, Piazzale Galluzzi, Cattolica, Tel. 05 41 96 32 96. Seit 70 Jahren wird das Lokal von der Familie Arduini geführt. Spezialität ist die *Minestra con lo scorfano*, Suppe mit Drachenkopf (im Winter Di geschl.).

Osteria Forza e Coraggio, Via Antonini 10, Cattolica, Tel. 05 41 83 02 43. Gute Küche für den kleinen Hunger (nur abends geöffnet, im Winter Mo geschl.).

33 Santarcangelo di Romagna

Geheimnisvolle Grotten und alte Traditionen.

Nur einen Katzensprung von Rimini entfernt liegt im Marecchia-Tal das mittelalterliche Felsennest Santarcangelo di Romagna, das allein wegen seiner Atmosphäre einen Besuch lohnt. Schon von weitem sieht man die mächtige **Rocca Malatestiana** (Besichtigungen nur für Gruppen, Tel. 05 41 62 08 32), in deren Burghof alljährlich im Juli das *Festival del Teatro in Piazza* mit Ballett, Jazz, Pantomime und Schauspielen stattfindet. Durch den prächtigen Triumphbogen (18. Jh.) für den hier geborenen Papst Clemens XIV. betritt man die verwinkelte Altstadt, die immer wieder herrliche Ausblicke auf die Umgebung freigibt. In der *Stamperia Marchi* (Via Cesare Battisti 15) wird das traditionelle Handwerk des **Tuchdrucks** ausgeübt. Nachdem das Leinen durch eine Mangel aus dem 17. Jh. geglättet worden ist, bedruckt man es mit einem Holzstempel, dessen Muster z.T. noch auf das 15. Jh. zurückgehen. Neben blauen, grünen und roten Naturfarben benutzt man auch Rostfarben, die aus oxidierten Eisen, Essig und Mehl angerührt werden.

Hauptattraktion von Santarcangelo di Romagna aber sind die über **100 Tuffsteingrotten** (Besichtigung über IAT), die auf drei Ebenen in den Monte Giove hineingeschlagen wurden. Man rätselt bis heute, ob es sich um Höhlenkirchen, Mithras-Heiligtümer oder einfach nur um Weinkeller handelt.

Ausflug

Über die SS 258 erreicht man landeinwärts das hoch über dem Meer gelegene **Verucchio**. Das Stadtbild beherrscht die sehenswerte *Rocca di Sasso* (April – Sept. tgl. 9.30 – 12.30 und 14.30 – 19.30 Uhr, sonst Sa 14.30 – 18.30, So/Fei 10 – 12.30 und 14.30 – 18.30 Uhr), die Stammburg der Malatesta aus dem 12. Jh., von der aus sie das umliegende Land eroberten. Von *Turm* der Festung geniesst man einen spektakulären Blick auf die Zwergrepublik San Marino und die Küste. Schon vor dem Mittelalter stand das Städtchen im Rampenlicht der Geschichte. Zusammen mit Bologna gilt die Hügelstadt als eines der wichtigsten Zentren der *Villanova-Kultur*. Die rei-

Das Hinterland von Rimini lädt mit seinen mittelalterlichen Dörfern wie Santarcangelo di Romagna zu schönen Ausflügen ein

chen Grabfunde aus der frühen Eisenzeit sind im **Museo Civico Archeologico** (April – Sept. tgl. 9.30 – 12.30 und 14.30 – 19.30 Uhr, sonst Sa 14.30 – 18.30, So/Fei 10 – 12.30 und 14.30 – 18.30 Uhr), dem einstigen Kloster Sant'Agostino, ausgestellt.

Wie Rimini, Santarcangelo, Pesaro und Gradara beansprucht auch Verucchio für sich, Schauplatz der unglücklichen Liebesgeschichte zu sein, die sich Ende des 13. Jh. zwischen Paolo Malatesta und Francesca da Polenta abspielte und die Dante in seiner *Divina Commedia* unsterblich machte. Francesca war die un-

Abstecher in die Unterwelt – die größte Attraktion von Santarcangelo sind seine 100 Tuffsteingrotten

glückliche Gattin des wenig anziehenden, aber als *Condottiere* sehr geschätzten Gianni II. Malatesta. Während seiner häufigen Abwesenheiten verbrachte sie ihre Zeit mit dem Lesen von Ritterromanen in Gesellschaft seines schönen Bruders Paolo. Doch es kam ein Tag, da »lasen wir nicht weiter«. In rasender Eifersucht erschlug Gianni die beiden.

Information: IAT, Via Cesare Battisti 5, Santarcangelo, Tel. 05 41 62 42 70, Fax 05 41 62 25 70, Internet: www. sauiatelibero.it; tgl. 9.30 – 13 und 15 – 18 Uhr, im Sommer bis 19.30 Uhr. – IAT, Piazza Malatesta 21, Verucchio, Tel. 05 41 67 02 22, Fax 05 41 67 32 66, Internet: www.verucchio.net. Juni–Sept. tgl. 9 – 13 und 15 – 19 Uhr, Okt.–Mai Mo – Fr 9 – 13, Sa/So 10 – 12.30 und 15 – 18.30 Uhr

Restaurants

La Sangiovesa, Piazza Simone Balacchi 14, Santarcangelo, Tel. 05 41 62 07 10. Federico Fellini malte das Wirtshausschild für die stimmungsvolle Osteria. Hier gibt es die romagnolische *Piadina* mit eingelegtem Gemüse, mit dem Weichkäse *Squacquerone*, mit Schinkenspezialitäten der Region und vieles mehr. Im Obergeschoss kann man gute romagnolische Weine und Destillate kosten (nur abends geöffnet).

San Marino – der stolze Zwergstaat am Rande der Emilia Romagna

Adria

Bologna ●

SAN
MARINO

Ligurisches
Meer

Unverwechselbar ragen die drei Zacken des Monte Titano an der Grenze zwischen der Romagna und den Marken als Silhouette in den Himmel. An seinen Hängen nistet **San Marino**, die Hauptstadt der kleinsten und ältesten Republik der Welt, der *Repubblica di San Marino*. Beharrlich haben ihre Bewohner dieses Fleckchen Heimat gegen alle Wirren der Zeit verteidigt. Mehrmals im Jahr, bei der Einführung der beiden Staatsoberhäupter oder beim Wettbewerb im Armbrustschießen zu Ehren des Stadtpatrons, lassen sie in historischen Kostümen die stolze Vergangenheit wieder aufleben – sehr zur Freude der Touristen. Die Urlauber strömen in Scharen in das mittelalterliche Städtchen, insbesondere, um die grandiose Aussicht von dem 749 m hohen **Monte Titano** zu genießen.

34 San Marino

Zwergstaat in schöner Lage.

San Marino liegt 23 km südwestlich von Rimini und bietet sich als Tagesausflug von der Adriaküste an. Gerade in den Sommermonaten sollte man sich aber darauf einstellen, dass es in den mittelalterlichen Gassen bisweilen etwas eng werden kann.

Geschichte Der Legende nach flüchtete der dalmatinische Steinmetz *Marinius* während der Christenverfolgungen unter Kaiser Diokletian auf den Monte Titano und gründete dort am 3. September 301 eine kleine christliche Gemeinschaft. Funde belegen, dass die Gegend bereits in vorgeschichtlicher Zeit besiedelt war, doch erst seit dem Mittelalter lässt sich die Existenz eines Klosters nachweisen. Wie in vielen italienischen Städten bildete sich auch hier im 13. Jh. eine **freie Kommune**, die sich trotz der Machtgelüste auswärtiger Herrscher, die Tributzahlungen einforderten oder versuchten, das Gebiet zu annektieren, behaupten konnte. Mit ihren legendären Armbrustschützen nahm sie an zahlreichen kriegerischen Auseinandersetzungen teil. Als unabhängiger Staat besaß San Marino das Recht, Asyl zu gewähren und übte dies auch aus. Der Freiheitsheld *Garibaldi* hatte hier Aufnahme gefunden, aber auch über 100 000 Flüchtlinge während des Zweiten Weltkriegs. Nach schweren wirtschaftlichen Krisen, die über 15 000 Menschen in die Emigration gezwungen hatten, erlebte die Republik in den 70er-Jahren des 20. Jh. einen rasanten Aufschwung. Haupteinnahmequellen sind bis heute der blühende Tourismus, der Verkauf von Briefmarken und Münzen, Oliven und Wein. Der 26 000 Einwohner zählende Zwergstaat (61 km²) kennt keine Arbeitslosigkeit, hat niedrige Steuern und bietet ein kostenloses Gesundheits- und Bildungswesen.

Besichtigung Das durch einen dreifachen Mauerring mit zahlreichen Toren, Bastionen und Wehrtürmen umschlossene Städtchen San Marino erreicht man zu Fuß von den zahlreichen Parkplätzen unterhalb der Stadtmauer oder mit der Seilbahn vom Borgo Maggiore. Mittelalterliche Fassaden, verwinkelte Gassen und Souvenirläden prägen das Bild. Der neugotische, 1894 errichtete **Palazzo Pubblico** (Sommer tgl. 8 – 20 Uhr, Winter tgl. 8.45 – 17 Uhr) mit seinem zinnengekrönten Glockenturm beherrscht das Zentrum. Beliebtes Fotomotiv ist der stündliche Wachwechsel der Soldaten mit ihren Paradeuniformen (je nach Klima Juni – Sept. 8.30 – 18.30 Uhr). Im Inneren prunkt der Sitzungssaal des *Consiglio Grande e Generale*, in dem die 60

In aussichtsreicher Lage – die freie Stadtrepublik San Marino schmiegt sich harmonisch an den 749 m hohen Monte Titano

Abgeordneten tagen. Halbjährlich, am 1. April und 1. Oktober, wählen sie unter reger Anteilnahme der Bevölkerung die Staatsoberhäupter, die *Capitani Reggenti*. Über ihrem Doppelthron wacht in einem Wandgemälde der hl. Marino. Die exekutive Gewalt wird von den zehn Mitgliedern des *Congresso di Stato* ausgeübt, die aus den Reihen des Consiglio Grande e Generale gewählt werden.

Zu Ehren des Stadtpatrons wurde Anfang des 19. Jh. die **Basilica San Marino** im neoklassizistischen Stil errichtet. Von

Die Freiheitsstatue vor dem Palazzo Pubblico wacht über San Marino

der Sakristei führt ein Gang zur Kirche San Pietro, deren Apsis aus dem Felsen herausgeschlagen ist und dem hl. Marino und seinem Gefährten Leo als Nachtlager gedient haben soll. Über die Contrada delle Pieve gelangt man hinauf zu den drei Festungen (11.–14. Jh.), die einst durch unterirdische Gänge miteinander verbunden waren. Von der in gewagter Position am senkrecht abfallenden Fels erbauten **Rocca** (738 m) genießt man einen atemberaubenden Blick auf den Apennin und die Adriaküste, an klaren Tagen reicht der Blick bis nach Dalmatien. Über den schmalen ›Hexenpass‹ erreicht man die Burg **Cesta** (749 m), die ein *Waffenmuseum* (Sommer tgl. 8 – 20, Winter tgl. 8.50 – 17 Uhr) mit Hieb-, Stich- und Feuerwaffen beherbergt, und jenseits eines Wäldchens die abgeschiedene Festung **Montale** (730 m).

TOP TIPP

Praktische Hinweise

Information: Ufficio di Stato per il Turismo, Palazzo del Turismo, Contrada Omagnano 20, Tel. 05 49 88 29 98, Fax 05 49 88 25 75, Internet: www.omniway.sm; tgl. 9 – 13 und 14 – 18.30 Uhr

Restaurant
Righi la Taverna, Piazza della Libertà 10, Tel. 05 49 99 11 96. Innovative Küche, nettes Ambiente (Mi geschl.).

Vor Reiseantritt

ADAC Info-Service:
Tel. 0 18 05/10 11 12, Fax 30 29 28
(0,12 €/Min.)

ADAC im Internet:
www.adac.de,
www.adac.de/reisefuehrer

Emilia Romagna im Internet:
www.regione.emilia-romagna.it

Informationen erteilt das **Staatliche Italienische Fremdenverkehrsamt ENIT** (Ente Nazionale Italiana per il Turismo),
Internet: www.enit.it

Prospektbestellung:
Tel. 0 08 00 00 48 25 42 (gebührenfrei)

Call-Center innerhalb Italiens:
Tel. 8 00 11 77 00 (gebührenfrei)

Deutschland
Kontorhaus Mitte,
Friedrichstr. 187, 10117 Berlin,
Tel. 0 30/2 47 83 98, Fax 2 47 83 99,
E-Mail: enit-berlin@t-online.de
Kaiserstr. 65, 60329 Frankfurt/Main,
Tel. 0 69/23 74 30, Fax 23 28 94,
E-Mail: enit.ffm@t-online.de
Goethestr. 20, 80336 München,
Tel. 0 89/53 13 17, Fax 53 45 27,
E-Mail: enit-muenchen@t-online.de

Österreich
Kärntnerring 4, 1010 Wien,
Tel. 01/5 05 16 39, Fax 5 05 02 48,
E-Mail: delegation.wien@enit.at

Schweiz
Uraniastr. 22, 8001 Zürich,
Tel. 0 12 11 36 33, Fax 0 12 11 38 85
E-Mail: enit@bluewin.ch

Allgemeine Informationen

Reisedokumente

Reisepass oder Personalausweis, Kinder unter 16 Jahren Kinderausweis oder Eintrag im Elternpass.

Kfz-Papiere

Führerschein, Fahrzeugschein und Internationale Grüne Versicherungskarte. Wer einen fremden Wagen fährt, benötigt eine Vollmacht des Fahrzeughalters.

Krankenversicherung und Impfungen

Auslandskrankenscheine der Krankenkassen garantieren eine kostenlose Behandlung in den öffentlichen Krankenhäusern und bei Vertragsärzten. Allerdings muss man die Scheine vorher bei der örtlichen ASL (Azienda Sanitaria Locale) abstempeln lassen, um das Heft mit den Berechtigungsscheinen zu erhalten. Es ist ratsam, zusätzlich eine *Auslandskrankenversicherung* abzuschließen.

Für **Haustiere** benötigt man ein höchstens 30 Tage altes tierärztliches Gesundheitszeugnis und eine Tollwutimpfbescheinigung (mind. 20 Tage, max. 11 Monate alt).

Zollbestimmungen

Reisebedarf für den persönlichen Gebrauch obliegt innerhalb der EU keinen Beschränkungen und darf abgabenfrei eingeführt werden. Für bestimmte Artikel gelten für den Privatreisenden allerdings Richtmengen: 800 Zigaretten, 400 Zigarillos, 200 Zigarren, 1 kg Tabak, 10 l Spirituosen, 20 l Zwischenerzeugnisse, 90 l Wein (davon max. 60 l Schaumwein), 110 l Bier.

Bei Reisen von und durch **Drittländer** (Schweiz) dürfen zollfrei 1 Stange Zigaretten, 1 l Spirituosen über 22 % oder 2 l Spirituosen unter 22 %, 50 ml Parfüm, 250 ml Eau de Toilette, 500 g Kaffee und 100 g Tee mitgeführt werden.

Geld

Gängige Kreditkarten werden in Banken, Hotels und vielen Geschäften akzeptiert.

Oben: *Am Strand von Cattolica kommt dank der hohen ›Bevölkerungsdichte‹ garantiert keine Langeweile auf*

Mitte: *Der Traum vom Schlaraffenland wird wahr in den Feinkostläden von Bologna mit ihrer reichen Auswahl an Wurst und Käse*

Unten: *Stilvolles Shopping in den mittelalterlichen Arkadengängen von Bologna*

An zahlreichen *EC-Geldautomaten* kann Geld rund um die Uhr abgehoben werden. Auch mit der *Postbank SparCard* erhält man an VISA-PLUS-Automaten rund um die Uhr Geld.

Tourismusämter im Land

In allen wichtigen Orten der Emilia Romagna gibt es Tourismusämter und Informationsbüros. Die Adressen und Öffnungszeiten sind in den **Praktischen Hinweisen** aufgeführt.

Notrufnummern

Polizeinotruf, Unfallrettung: Tel. 113

Polizei (Carabinieri): Tel. 112

Notarzt: Tel. 118

Feuerwehr (Vigili del fuoco): Tel. 115

ACI-Pannendienst (Soccorso Stradale): Tel. 80 31 16, Mobil-Tel. 8 00 11 68 00. Man beachte die *gelben Notrufsäulen* auf den Autobahnen (ca. alle 2 km).

ADAC-Notrufstation Mailand:
Tel. 02 66 15 91 (rund um die Uhr, mehrsprachig)

ADAC-Notrufzentrale München:
Tel. 00 49/89/22 22 22 (rund um die Uhr)

ADAC-Ambulanzdienst München:
Tel. 00 49/89/76 76 76 (rund um die Uhr)

Österreichischer Automobil Motorrad und Touring Club
ÖAMTC Schutzbrief-Nothilfe:
Tel. 00 43/(0)1/2 51 20 00

Touring Club Schweiz
TCS Zentrale Hilfsstelle:
Tel. 00 41/(0)2 24 17 22 20

Bei Unfällen mit *Sachschaden* ist es dringend erforderlich, die Versicherung und die Versicherungsnummer des Unfallgegners zu notieren. Bei Unfällen mit *Personenschaden* muss die Polizei verständigt werden. Bei *Autodiebstahl* wende man sich an die nächste Polizeidienststelle (Auskünfte über ADAC-Notruf oder ACI, s.o.).

Diplomatische Vertretungen

Deutschland
Honorarkonsulat, Viale Risorgimento 7, 40136 Bologna, Tel. 05 13 39 90 14, Fax 05 13 39 50 56

Honorarkonsulat, Viale Trieste 3, 47900 Rimini, Tel. 0 54 12 77 48, Fax 0 54 15 44 44

Österreich
Honorarkonsulat, Via Ugo Bassi 13, 40124 Bologna, Tel./Fax 0 51 26 87 11

Schweiz
Honorarkonsulat, Dorsoduro 810, Campo Sant'Agnese, Venedig, Tel. 04 15 22 59 96, Fax 04 12 44 38 63

Besondere Verkehrsbestimmungen

Tempolimits (in km/h): Für Pkw, Motorräder und Wohnmobile gilt innerorts 50, außerorts 90, auf Schnellstraßen 110 und auf Autobahnen 130. Für Wohnmobile über 3,5 t gilt außerorts 80, auf Autobahnen 100; Pkw mit Anhänger dürfen außerorts und auf Schnellstraßen max. 70, auf Autobahnen 80 fahren.

Motorrad- und Mopedfahrer müssen immer mit *Abblendlicht* fahren, Autofahrer nur auf Autobahnen. Es besteht *Anschnallpflicht* und für Lenker und Mitfahrer von Zweiradfahrzeugen *Sturzhelmpflicht*. Kinder unter 12 Jahren müssen auf dem Rücksitz befördert werden. Das *Nationalitätenkennzeichen* ist Pflicht, es sei denn, das Fahrzeug besitzt ein EU-Kennzeichen.

Die *Promillegrenze* liegt bei 0,5.

Öffentliche *Parkplätze* sind durch weiße oder blaue Markierungen gekennzeichnet. Die ›blauen‹ Parkplätze sind gebührenpflichtig.

Wichtig: Jede Ladung, die nach hinten überragt (Surfbretter, Boote, Fahrradständer) muss mit einer 50×50 cm großen rot-weiß-roten reflektierenden Warntafel (ggf. mit Rückstrahlern) versehen sein. Keine Ladung darf über die Vorderkante des Fahrzeugs hinausragen.

Anreise

Auto

Umfangreiches **Informations**- und **Kartenmaterial** können Mitglieder des ADAC kostenlos bei den Geschäftsstellen oder Tel. 0 18 05/10 11 12 (0,12 €/Min.) anfordern. Außerdem sind im ADAC Verlag die Länderkarte *Norditalien* (1 : 500 000) und die Urlaubskarte *Italienische Adria* (1 : 150 000) erschienen (Internet: www. adac.de/karten).

Die wichtigsten **Routen** aus Deutschland führen durch Österreich, entweder von Innsbruck über die Brennerautobahn via

Verona (A 22) oder über die Tauernautobahn nach Villach und dann weiter via Tarvis, Udine und Padua (A 23, A 4, A 13) bis Bologna. Die Anreise durch die Schweiz erfolgt via Splügenpass, St.-Gotthard-Tunnel oder Simplonpass nach Mailand (A 1) und dann immer entlang der Via Emilia bis Bologna.

Die österreichischen und Schweizer Autobahnen sind **mautpflichtig**, Vignetten sind an den Grenzstationen erhältlich. Die Autobahngebühren in Italien richten sich nach der Wagenklasse. Man kann in Euro zahlen. Mit der bargeldlosen *Viacard* (Karten beim ADAC oder in Italien an der Grenze und an den Autobahnstationen erhältlich) wird man an vielen Mautstellen auf gesonderten Fahrspuren meist schneller abgefertigt.

Autobahn-Tankstellen sind durchgehend geöffnet, die übrigen Tankstellen meist Mo–Fr 7–12.30 und 15.30–19.30 Uhr. Auf Hauptstrecken gibt es SB-Tankstellen, die Geldscheine annehmen.

Bahn und Autoreisezug

Alle größeren und viele kleineren Orte der Emilia Romagna sowie alle Seebäder an der Adria sind mit der Bahn zu erreichen. Direkte Zugverbindungen gibt es von Deutschland über Österreich und über die Schweiz nach Bologna. In der Hauptreisezeit sind die Direktzüge häufig überfüllt, rechtzeitige Reservierung ist also dringend anzuraten. Im Sommer verkehren *Autoreisezüge* von Hamburg, Köln und Frankfurt nach Verona und von München bzw. Wien nach Rimini.

Fahrplanauskunft:

Deutschland
Deutsche Bahn, Tel. 11861 (gebührenpflichtig), Tel. 08 00/1 50 70 90, Internet: www.bahn.de
Deutsche Bahn AutoZug, Tel. 018 05/2 42 24, Internet: www.autozug.de

Österreich
Österreichische Bundesbahn, Tel. 05 17 17, Internet: www.oebb.at

Schweiz
Schweizerische Bundesbahnen, Tel. 09 00 30 03 00, Internet: www.sbb.ch

Bus

Von den größeren deutschen Städten fahren Europabusse nach Bologna, Ravenna, Ferrara und an die Adriaküste.

Zentrale Reservierungsstelle:
Deutsche Touring, Am Römerhof 17, 60486 Frankfurt/Main, Tel. 0 69/79 03 50, Fax 7 90 32 19, Internet: www.deutsche-touring.com

Flugzeug

In der Emilia Romagna gibt es drei internationale Flughäfen:

Bologna, Borgo Panigale, Aeroporto Guglielmo Marconi, Tel. 05 16 47 96 15. Lufthansa bietet mehrmals täglich Linienflüge von Frankfurt und München nach Bologna. Austrian Airlines bedient Bologna täglich über Wien, Swiss Air mehrmals täglich über Zürich.

Rimini, Aeroporto Miramare, Tel. 05 41 71 57 11. LTU und Thomas Cook bieten von Mai bis Anfang Oktober Charterflüge aus Berlin, Düsseldorf, Hamburg und Köln/Bonn an.

Forlì, Aeroporto Luigi Ridolfi, Tel. 05 43 47 49 90.

Bank, Post, Telefon

Bank

In der Regel sind Banken Mo–Fr 8/8.30 –13.30 und 14.30–15.45 Uhr geöffnet. In den Badeorten haben die Banken häufig längere Öffnungszeiten.

Post

Die Postämter sind in der Regel Mo–Fr 8–13.30/14 Uhr und Sa 8–12 Uhr geöffnet. Briefmarken (*Francobolli*) gibt es auch in Tabakläden (*Tabacchi*).

Telefon

Internationale Vorwahlen:
Italien 00 39
Deutschland 00 49
Österreich 00 43
Schweiz 00 41

Achtung: Die Ortsnetzkennzahl ist in Italien fester Bestandteil der Telefonnummer und muss **immer** (inkl. der 0) mitgewählt werden. Dagegen fällt bei der Handy-Nr. die Null weg.

Die meisten Telefonzellen sind nur für Telefonkarten (*Scheda Telefonica*, perforierte Ecke abreißen!) eingerichtet, die zu 1 €, 2,50 €, 5 € und 7,50 € in Tabakläden, Kiosken und manchen Bars verkauft werden.

Italienische Pasta ist in allen nur erdenklichen Variationen ein Gedicht

Die Benutzung handelsüblicher **GSM-Mobiltelefone** ist in ganz Italien problemlos möglich. Man sollte sich jedoch vor Reiseantritt über das günstigste Netz vor Ort informieren und das eigene Mobiltelefon entsprechend programmieren.

Einkaufen

Die **Geschäftszeiten** unterscheiden sich regional. In der Regel sind die Läden Mo – Sa 8.30/9 – 12.30 und 15.30/16 – 19.30 Uhr geöffnet.

Souvenirs

Ideale Mitbringsel sind **Keramik** aus Faenza oder **Rostdrucke** auf Leinen aus Santarcangelo und Gambettola. Traditionshandwerk findet man noch im Po-Delta, wo Flechtarbeiten aus Schilfrohr gefertigt werden, oder in Rolo, wo man Möbel mit Intarsienarbeiten schmückt. Ferrara ist bekannt für seine Sgraffito-Keramik.

Herrlich stöbern kann man auf den zahlreichen **Antiquitätenmärkten**, ob in Modena (Parco Novisad, jedes 4. Wochenende), in Bologna (Piazza S. Stefano, jedes 2. Wochenende außer im Sommer), Fontanellato (jeden 3. Sonntag), Ravenna (jedes 3. Wochenende) oder in Parma, wo gleich zweimal im Jahr (Anfang März und Ende Sept.) die Antiquitätenmesse ›Mercante in Fiera‹ stattfindet.

Feinschmecker schätzen die **kulinarischen Köstlichkeiten** der Emilia Ro-

magna, die ihr nicht zufällig den Beinamen ›Bauch Italiens‹ eingebracht haben: Balsamessig und Zampone aus Modena, Parmigiano Reggiano, Parmaschinken und Parmasalami, Culatello aus Zibello und eingelegte Aale aus Comacchio.

Essen und Trinken

Das Essen besitzt in der Emilia Romagna fast Kultstatus. Nicht zufällig stammt die Bibel unter den Kochbüchern zur italienischen Küche von einem Romagnolen. *Pellegrino Artusi* aus Forlimpopoli verfasste 1891 das Standardwerk ›Die Wissenschaft der Küche oder die Kunst des guten Essens‹. Über die Emilia Romagna schrieb er: »Eine recht schwere Küche, aber wie reichhaltig ist sie und schmackhaft!«

Pasta und das göttliche Schwein

Die reiche Küche der Emilia Romagna beginnt bereits bei der **Pasta**. Sie ist nicht lang oder kurz, sondern verschnörkelt, verknotet, gewunden und nicht selten gefüllt. In Parma und Piacenza kommen *Anolini* (Eierteigringe) auf den Tisch, in Reggio liebt man die *Cappelletti* (Teighütchen) und in Modena die mit Kalb, Huhn und Schwein gefüllten *Ravioli*. In Bologna dominieren die mit Mortadella und Schinken gefüllten *Tortellini*. Ihre Form schuf ein verliebter Koch, indem er den Nabel seiner Angebeteten nachbildete. Zahlreich sind die Pastasorten mit vegetarischen Füllungen, wie die mit *Ricot-*

Schlemmerorgie à la Emilia Romagna – Feinkostladen in der Altstadt von Bologna

ta (Schafskäse) und Kräutern gefüllten *Tortelli* aus Piacenza oder die mit *Ricotta*, Eiern und Gewürzen gefüllten *Cappelletti* in der Romagna. Dazu werden deftige Saucen wie Ragù (Fleischsauce) alla bolognese serviert.

Unangefochtene Hauptperson besonders der emilianischen Küche ist aber das Schwein. Die Gallier sollen es im 2./1. Jh. v. Chr. in den Eichenwäldern der Emilia angesiedelt haben. Dem **Divin porcello**, dem göttlichen Schwein, begegnet man sogar in den Kirchen, z. B. als Reliefskulptur in der Vorhalle des Domes von Parma. Was wird nicht alles aus dem Schwein gemacht. Neben dem berühmten **Prosciutto di Parma** gibt es die *Coppa* aus Carpineto (Piacenza), die aus dem Halsmuskel gewonnen wird, den *Salame di Felino* (Parma), jene lange klobige Stange, die aus klein gehacktem Schweinefleisch vom Rücken und vom Bauch hergestellt wird, und die *Spalla cotta* von San Secondo, gekochte oder gebratene Schinkenscheiben, die mit Kartoffelbrei serviert werden und schon von Verdi sehr geschätzt wurden. Seinen Freunden schickte er aber den *Culatello* aus Zibello, eine luftgetrocknete Schinkenwurst aus dem Hinterteil des Schweins. Auch außerhalb Italiens bekannt ist die **Mortadella**, die in Bologna erfunden wurde. Eine eigene Zunft wachte im 14. Jh. über das Herstellungsverfahren. So durfte sie nur aus gehacktem Schweinefleisch und Speckwürfeln bestehen. Aus Ferrara stammt die würzige *Salama di sugo*, die mehrere Stunden gekocht werden muss. Ein Nationalgericht, vor allem zur Jahreswende, ist der **Zampone** aus Modena, ein gefüllter Schweinsfuß, der mit Linsen (für den Geldregen im nächsten Jahr) gegessen wird.

An der Küste empfehlen sich natürlich **Fischgerichte**. Eine Besonderheit der Region sind die Aale aus Comacchio, die mariniert oder in einer Suppe serviert werden. Weit verbreitet und schon bei den Römern bekannt ist der *Brodetto*, eine Art romagnolische Bouillabaise. Wem nicht nach einem mehrgängigen Menü zumute ist, muss nicht gleich auf Pizza umsteigen. Äußerst beliebt ist die **Piadina**, ein dünnes Fladenbrot aus Mehl, Wasser, Salz und etwas Schmalz, das bereits den römischen Legionären als tägliches Nahrungsmittel diente. Sie wird an zahlreichen Imbissständen oder in den Osterie

Immer hereinspaziert – hier kann man emilianische Weine und noch viel mehr probieren

angeboten und mit Schinken, Wurst, Fleisch oder dem weichen *Squacquerone*-Käse gegessen.

Aus der Emilia kommen außerdem zwei Grundnahrungsmittel, die aus der italienischen Küche kaum wegzudenken sind: der **Parmigiano Reggiano** [s. S. 65] und der **Aceto Balsamico** [s. S. 76].

Weine und Liköre

Zur deftigen Küche der Emilia Romagna passen die leicht moussierenden Weine, von denen der **Lambrusco** wohl der bekannteste ist. Mit dem in Deutschland angebotenen Massenprodukt hat er in seiner Heimat wenig gemeinsam. Der frische und säurereiche Wein findet sich vor allem um Reggio und Modena. Besonders zu empfehlen ist der Lambrusco aus *Sorbara* oder *Grasparossa di Castelvetro*. In der Romagna ist der rubinrote **Sangiovese** zu Hause, der an den Hängen des Apennin wächst. Viele Chianti-Weine oder der berühmte Brunello di Montalcino werden mit großen Anteilen der Sangiovese-Traube gekeltert. Die besten Lagen liegen bei Predappio und Bertinoro. Von dort stammt auch der weiße **Albana**, der mit dem trockenen, leicht säuerlichen **Trebbiano** zu den DOC-Weinen gehört. Interessant ist der Weißwein **Pagadebit** (›Schuldenzahler‹), mit dem die Bauern früher offenbar ihre offenen Rechnungen beglichen haben.

Daneben besitzt die Region eine Reihe hochwertiger Liköre wie den **Laurino** (Lorbeerlikör) aus den Bergen von Reggio Emilia, den **Sassolino**, einen Anislikör aus Sassuolo, und natürlich den **Nocino** aus Reggio Emilia, einen Nusslikör aus unreifen Nüssen, die zur Johannisnacht gepflückt werden.

Feste und Feiern

Feiertage

1. Januar (*Capodanno,* Neujahr), 6. Januar (*Epifania,* Heilige Drei Könige), Ostersonntag (*Pasqua*) und Ostermontag (*Pasquetta*), 25. April (*Liberazione,* Fest der Befreiung von Faschismus und deutscher Besatzung 1945), 1. Mai (*Festa del Lavoro,* Tag der Arbeit), 15. August (*Ferragosto,* Christi Himmelfahrt), 1. November (*Ognissanti,* Allerheiligen), 8. Dezember (*Immacolata Concezione,* Mariä Empfängnis), 25./26. Dezember (*Natale,* Weihnachten). Hinzu kommen die *Heiligen-* und *Patronatsfeste* und die *Sagre* für ein heimisches Produkt.

Feste

April

San Marino (1.4. und 1.10.): *Investitura dei Capitani Reggenti*. Feierliche Einsetzung der für jeweils ein halbes Jahr gewählten Regenten, die mit uniformierten Honoratioren der Zwergrepublik durch die Straßen defilieren.

Mai

Cervia (Christi Himmelfahrt): **Sposalizio del Mare**. Vermählung mit dem Meer, um es gnädig zu stimmen für guten Fischfang und die Salzgewinnung. Wer der jungen Burschen wird wohl den geweihten Goldring angeln, den der Bischof ins Meer wirft?

Ferrara (letzter Sonntag): **Palio di San Giorgio**. Historischer Wettkampf mit Fahnenwerfern, eine Prozession in historischen Kostümen und kuriose Pferderennen: Auf dem Programm stehen die ›Corsa dei Putti‹ für Jungen unter 14 Jahren, die ›Corsa delle Putte‹ für Mädchen unter 16 Jahren sowie Esel- und Pferderennen.

Juni

Chiaravalle della Colomba (Fronleichnam): *Infiorata*. Mönche legen einen bunten Blumenteppich mit Szenen aus den Heiligenlegenden aus.

Faenza (letzter Sonntag): *Palio del Niballo*. Beim ältesten Palio Italiens messen sich die fünf *Contrade* (Stadtviertel) im Fahnenwerfen und Turnierkampf gegen eine Sarazenenpuppe.

Juli

Brisighella (1. Julihälfte): *Feste Medievali*. Vor der Altstadtkulisse von Brisighella lassen die kostümierten Bewohner, Gaukler und Händler das Mittelalter wieder aufleben.

Faenza (Anfang Juli): *Mondial Tornianti*. Internationaler Kunsttöpferwettbewerb auf der Piazza del Popolo. Den Preis erhält der Töpfer, der die breiteste Schale und die höchste Vase dreht.

August

Verucchio (Anfang Aug.): *Festa dei Malatesta*. Mittelalterliche Bankette in der Sala Grande der Malatesta-Burg. Am Abend Theateraufführungen und Tanzdarbietungen bis Mitternacht.

Cesenatico (1. Sonntag): *Festa di Garibaldi*. In Erinnerung an die Flucht des Freiheitshelden Garibaldi nach Venedig (1849) findet der Palio della Cuccagna statt, bei dem die sechs Stadtteile um einen 13 m langen geölten Pfahl kämpfen.

Comacchio (13.8.): *Sagra di San Cassiano*. Fest des Schutzheiligen San Cassiano mit einem Wettkampf der traditionellen *Batane*-Boote.

September

San Marino (3.9.): *Palio della Balestra Antica*. Armbrustschießen mit abschließendem Feuerwerk in Erinnerung an die Gründung der Republik.

Terra del Sole (1. Sonntag): *Palio di S. Reparata*. Kräftemessen zwischen den Vierteln Borgo Romano und Borgo Fiorentino mit Armbrust und Seil in Renaissance-Kostümen.

Rimini (1. Wochenende, in geraden Jahren): *Festa de Borg*. Fest im alten Fischerviertel San Giuliano mit Theatergruppen und gastronomischen Ständen.

Bertinoro (1. Sonntag): *Festa dell'Ospitalità*. Fest der Gastfreundschaft mit historischen Umzügen und mittelalterlichen Wettkämpfen. Familien, die einen Gast aufnehmen möchten, hängen einen Umschlag mit einer Einladung an einen der Ringe der Colonna delle Anella [s. S. 112]. Die Gäste nehmen sich einen der

Umschläge und sind dann für einen Tag lang Gast der betreffenden Familie.

Oktober

Dovadola bei Forlì (3. und 4. Sonntag): *Sagra del Tartufo.* Beim Trüffelfest verwandeln sich Spaziergänger mit schnüffelnden Hunden zu verzückten Feinschmeckern – natürlich bei Gerichten mit dem begehrten weißen Trüffel.

November

Comacchio (Mitte–Ende Nov.): *Sagra dell'Anguilla.* Zubereitung von Aalspezialitäten der Region.

Terra del Sole (3. Sonntag): *La Fugarena.* Erntedankfest mit Musik, Spielen, Tanz und kulinarischen Spezialitäten. Aus dem heidnischen Johannisfeuer zieht man Schlüsse für die nächste Ernte.

Klima und Reisezeit

Die beste Reisezeit für die Emilia Romagna ist März bis September. Im Dreieck Ravenna, Bologna und Ferrara ist es im Frühling zur Zeit der Baumblüte besonders schön. Die Saison in den Badeorten beginnt erst Ende Mai/Anfang Juni. Zwischen Juni und September herrscht ideales Badewetter. Zu dieser Zeit sind Hotels und Strände stark frequentiert, der Höhepunkt wird um Mariä Himmelfahrt (15. Aug.) erreicht, wenn ganz Italien eine Woche Urlaub macht. Städtereisen bieten sich immer an, außer im Hochsommer wegen der Hitze, und zum Jahreswechsel, wenn viele Geschäfte und Restaurants geschlossen haben.

Klimadaten Bologna

Monat	Luft (°C) min./max.	Sonnen- std./Tag	Regen- tage
Januar	-2/12	8	6
Februar	-2/20	9	3
März	1/23	11	5
April	6/28	12	10
Mai	10/32	14	9
Juni	14/36	15	4
Juli	17/38	14	5
August	14/39	13	4
September	11/32	11	8
Oktober	8/25	10	7
November	-1/19	8	7
Dezember	-4/11	8	3

Klimadaten Rimini

Monat	Luft (°C) min./max.	Wasser (°C)	Sonnen- std./Tag	Regen- tage
Januar	-1/12	5	4	6
Februar	0/17	5	4	3
März	2/20	9	7	2
April	6/23	13	7	8
Mai	9/26	18	7	10
Juni	13/29	22	8	4
Juli	14/33	25	11	2
August	12/32	26	9	2
September	11/30	19	7	8
Oktober	9/23	16	4	8
November	1/22	9	4	10
Dezember	-2/10	5	2	4

Quelle: Ufficio Idrografico e Mareografico di Bologna

Kultur live

In der Heimat von Giuseppe Verdi, Luciano Pavarotti und Mirella Freni liegt der Schwerpunkt des kulturellen Angebots naturgemäß auf klassischer Musik sowie Opern- und Theateraufführungen. Doch auch neuen Tendenzen wird Rechnung getragen.

Mai

Quattro Castella bei Canossa (letzter Sonntag): *Corteo Storico Matildico.* Historische Aufführung mit Hunderten von Armbrustschützen, Lanzenwerfern, Fahnenschwingern, Bauern, Dienern, Rittern und Adligen, die an die Krönung von Matilde von Canossa durch Kaiser Heinrich V. im Mai 1111 erinnert.

Juni

Busseto (Ende Juni/Anfang Juli): *Concorso Internazionale per Voci Verdiani.* Internationaler Wettbewerb für Opernsänger. Die besten Sänger werden für zwei Verdi-Opern engagiert, die unmittelbar nach dem Wettbewerb vorbereitet und aufgeführt werden.

Bologna (Anfang Juni–Mitte Sept.): *Viva Bologna.* Konzerte, Ausstellungen und kulturelle Veranstaltungen auf den Plätzen und Höfen der Stadt.

Ravenna (Juni–Ende Juli): *Ravenna Festival.* Opernaufführungen sowie Orchester- und Solistenkonzerte mit Stardirigent Riccardo Muti.

Modena: *Pavarotti International.* Alljährlich im Frühsommer gastiert der Startenor Pavarotti für einige Konzerte in seiner Heimatstadt.

Juli

Santarcangelo (1. Julihälfte): *Festival del Teatro in Piazza*. Festival der Theatergruppen im Hof der Rocca Malatestiana mit ungewöhnlichen Darbietungen, experimentellen und modern interpretierten klassischen Stücken.

Reggio Emilia (Juli/Aug.): *Restate*. Kulturfestival mit Konzerten, Tanzdarbietungen und Theateraufführungen.

Cervia (Ende Juli): *Festival Internazionale dei Burattini e delle Figure*. Nicht nur für die Kleinen interessant ist das Festival der Marionetten und Puppen.

August

Saludecio bei Riccione (Anfang Aug.): *Ottocento Festival*. Für einige Tage steht die Stadt ganz im Zeichen des 19. Jh. Bis spät in die Nacht kann man klassische Konzerte besuchen oder Straßenmusikanten zuhören.

TOP TIPP **Ferrara** (letzte Augustwoche): **Buskers' Festival**. Straßenmusiker aus aller Welt verwandeln zur Freude der über 150 000 Besucher die Stadt in einen riesigen Konzertsaal.

Rimini (Ende Aug. – Anfang Okt.): *Sagra Musicale Malatestiana*. Klassische Solisten- und Orchesterkonzerte.

Museen und Kirchen

Museen

Die **Öffnungszeiten** der Museen sind uneinheitlich. Detaillierte Angaben finden sich im Haupttext. Im Allgemeinen kann man jedoch davon ausgehen, dass die Museen 9–13 Uhr geöffnet sind. Montag ist vielfach Ruhetag.

Kirchen

In den Mittagsstunden (12/13 – 14/15 Uhr) sind Gotteshäuser meist geschlossen. Bei kleineren Kirchen in abgelegenen Orten steht man häufig vor verschlossenen Türen, man frage dann nach dem *Custode*. Als Dank wird ein kleines Trinkgeld erwartet.

Sport

Golf

Die Broschüre ›Golf‹ (erhältlich bei den ENIT-Stellen und den IAT-Büros) infor-

Grandioses Panorama – eine Radtour durch den Apennin ist anstrengend, bietet aber immer wieder schöne Ausblicke

miert ausführlich über die 16 Golfplätze der Region.

Radsport

Zahlreiche Vorschläge für schöne Radtouren findet man in den beiden Broschüren ›Radtouren in der Emilia Romagna‹ und ›Mit dem Fahrrad. Große und kleine Touren durch das Hinterland von Rimini‹ (erhältlich bei den ENIT-Stellen und den IAT-Büros). Fahrrad-Verleihstellen gibt es in den meisten großen Städten.

Sportveranstaltungen

Cervia (Ende April/Anfang Mai): Passionierte Drachenflieger aus aller Welt lassen ihre fantasievollen bunten Drachen in den Himmel steigen.

Imola (Ende April/Anfang Mai): Formel-1-Rennen. Rote und nicht rote Boliden röhren um den Weltmeisterschaftstitel.

Wandern

Der an der Grenze zur Toskana gelegene *Parco Nazionale delle Foreste Casentinesi* sowie zahlreiche Naturschutzgebiete wie der *Parco Regionale del Delta del Po* [s. S. 90, 104] oder die *Gipsadern* bei Brisighella [s. S. 108] laden zu ausgedehnten Spaziergängen und zum Wandern ein. In den **Nationalpark** führen ausgeschilderte Wanderwege von San Benedetto in Alpe zum 70 m hohen Wasserfall Dell'Acquacheta und weiter zum Passo del Muriglione. Ein anderer Weg führt auf den Monte Falterona, an dessen südlichen Hängen der Arno entspringt (Information: Besucherzentrum, San Benedetto in Alpe, Tel./Fax 0543965286,

E-Mail: iat.portico@tin.it). Lohnend ist ferner ein Abstecher auf den markanten Tafelberg **Pietra di Bismantova** (Provinz Reggio), von dem man einen atemberaubenden Rundblick auf den Apennin von Modena und Reggio genießt (Information: IAT Via Roma 33 c, Castelnovo ne' Monti, Tel. 05 22 81 04 30, Fax 05 22 81 23 13). Über einen weiteren schönen Wanderweg gelangt man zu den Schlössern von Matilde von Canossa (Information siehe IAT Castelnovo ne' Monti). Im **Parco Regionale Fluviale dello Stirone** (Provinz Parma) lassen sich auf ausgeschilderten Wegen entlang des großartigen Canyon des Stirone noch zahlreiche Fossilien aus der Tertiärzeit entdecken. Weiterführende Infos bei:

CAI Bologna (Club Alpino Italiano), Via Indipendenza 3, Bologna, Tel. 0 51 23 48 56, Mi, Do, Fr 16 – 19 Uhr, Internet: www.parks.it

Wassersport

Die Küste mit ihren 43 Badeorten zieht sich entlang eines ca. 130 km langen und rund 100 m breiten feinen Sandstrandes. Rund um die Strandanlagen mit ihren endlosen Reihen von Liegestühlen und Sonnenschirmen locken zahlreiche Wassersportmöglichkeiten, die von Schwimmen über Tauchen, Wasserski, Segeln bis zum Surfen reichen. Der nur langsam ins Meer auslaufende Strand eignet sich ideal für einen Familienurlaub mit Kindern. Die ständige Kontrolle der Wasserqualität per Forschungsschiff ›Daphne‹ hat sich bewährt. 2002 sind die Seebäder Marina di Ravenna, Cervia, Cattolica, Rimini, Gatteo Mare, San Mauro Pascoli, Misano Adriatico und Cesenatico mit der *Blauen Fahne* für hohe Umweltstan-

Keine Angst vor wilden Tieren – Spielspaß im Aquafan in Riccione

dards, gute Sanitär- und Sicherheitseinrichtungen ausgezeichnet worden.

Wintersport

Wintersportgebiete liegen im **Parco dell'Alto Appennino Modenese** rund um den Monte Cimone (2165 m). Der nahe Corno delle Scale (1945 m), der durch einen ›Treno della Neve‹ (Schneezug) mit Bologna verbunden ist, wartet mit einem 30 km langen Pistennetz auf. Bekannt ist der Skiort **Sestola** durch den mehrfachen Olympiasieger und Slalomweltmeister Alberto Tomba, der hier von Kindesbeinen an trainierte.

Statistik

Lage: Mit einer Fläche von 22 123 km^2 entspricht die Emilia Romagna der Größe Hessens. Sie bildet die Form eines Dreiecks. Nördlich grenzt sie an den Po, südlich stößt sie an den Kamm des Apennin, und die Ostgrenze wird von der Adriaküste gebildet.

Verwaltung: Die Emilia Romagna ist eine relativ junge, erst in der Nachkriegszeit entstandene Doppelregion. Verwaltungsrechtlich ist sie in die neun Provinzen eingeteilt, deren Hauptstädte, außer Ferrara und Ravenna, allesamt längs der römischen Via Emilia liegen: Piacenza, Parma, Reggio, Modena, Bologna, Forlì und Rimini. Mit knapp 4 Mio. Einwohnern steht sie an achter Stelle der insgesamt 20 italienischen Regionen.

Wirtschaft: Das Pro-Kopf-Einkommen rangiert nach der Lombardei und dem Aosta-Tal landesweit an dritter Stelle. Und die Arbeitslosenquote liegt mit

Hoffentlich wird das kein Schlag ins Wasser – Golfplatz in Salsomaggiore

6 % weit unter dem Landesdurchschnitt (11,5 %). Der große Anteil an land- und forstwirtschaftlichen Gebieten begünstigte die Ansiedlung wichtiger Nahrungsmittelindustrien (Barilla und Parmalat) sowie Nahrungsmittel- und Verpackungsmaschinenhersteller. In den fruchtbaren Gebieten der Po-Ebene, den wasserreichen Ebenen um Piacenza, Parma, Reggio, Modena und Bologna sowie im Hügelland sind über 150 000 Landwirtschaftsbetriebe angesiedelt. Charakteristisch für die Region ist das Genossenschaftswesen, das den Erhalt vieler Kleinstbetriebe ermöglichte. Viehzucht mit sehr viel Milchvieh (Parmesankäse) und Obstanbau sind die Pfeiler der Landwirtschaft. Auch der Weinanbau spielt eine große Rolle. Immerhin produziert die Region etwa $^1/_7$ aller italienischen Weine. Trotzdem kommt der Industrie mit 36 % der Produktion der Vorrang zu. Die Region ist ein bedeutender Standort der italienischen Keramikindustrie, der Fliesenproduktion und der Strickindustrie. Auch Sport- und Luxuswagenhersteller wie Ferrari, Bugatti und Maserati haben hier ihren Sitz. Eine wichtige Rolle spielt der Fremdenverkehr, vor allem an der Adriaküste. Mit über 5000 Hotelbetrieben weist die Emilia Romagna landesweit die größte Kapazität auf.

Unterkunft

Agriturismo

Die italienische Antwort auf den ›Urlaub auf dem Bauernhof‹ erfreut sich immer größeren Zuspruchs. Wer auf der Suche nach Landleben, Natur und Sport ist, bettet sich hier richtig. Allerdings sind nicht alle Betriebe ganzjährig geöffnet. Info:

Agriturist, Piazza Martiri 5, 40121 Bologna, Tel. 05 51 25 18 66, Internet: www.agriturist.it

Turismo verde, Via Bigari 5/2, 40100 Bologna, Tel. 05 51 63 14 31 11, Internet: www.turismoverde.it

Infromativ ist auch die Broschüre ›Ferien auf dem Lande‹ (erhältlich bei den ENIT-Stellen und den IAT-Büros).

Camping

Die Adriaküste verfügt über ein vorzüglich ausgebautes Netz von Campingplätzen verschiedener Kategorien. Eine Beschreibung geprüfter Campingplätze

bietet der jährlich neu erscheinende **ADAC Camping-Caravaning-Führer** mit CD-Rom, Band Südeuropa. Darüber hinaus informiert der jährlich erscheinende **ADAC Urlaubsführer Europa** über das Angebot an Bungalows und Mobilheimen auf Campingplätzen (Internet: www.adac.de/campingfuehrer)

Ferienhäuser und -wohnungen

In der ganzen Region werden wochenweise Ferienhäuser und -wohnungen vermietet. Sie sind komplett eingerichtet, Bettwäsche und Handtücher müssen häufig mitgebracht oder können gemietet werden. Kataloge geben Auskunft.

Hotels und Pensionen

Hotels und Pensionen werden mit einem relativ variablen Bewertungssystem von * (sehr bescheiden) bis ***** (luxuriös) klassifiziert. Die Höchstpreise müssen in den Zimmern ausgehängt sein. Eine breite Auswahl bieten vor allem die Badeorte an der Adriaküste. In der Hochsaison, vor allem während der italienischen Schulferien (Mitte Juni–Mitte September), sind die Hotels häufig ausgebucht. Empfehlungen bieten die **Praktischen Hinweise** bei den jeweiligen Orten.

Jugendherbergen

Die Emilia Romagna besitzt sechs Jugendherbergen, die Adressen findet man bei den jeweilgen **Praktischen Hinweisen**. Auskunft erteilen:

Associazione Italiana Alberghi per la Gioventù (AIG), Via Cavour 44, 00184 Roma, Tel. 0 64 87 11 52, Fax 0 64 88 04 92. – Via dell'Unione 6a,

Ferien auf dem Bauernhof – Agriturismo wird in Italien ganz groß geschrieben

Urlaub mit Stil – das Grand Hotel in Rimini bietet allen nur erdenklichen Luxus und den Charme vergangener Zeiten

40126 Bologna, Tel. 0 51 22 49 13, Internet: ostellionline.org.

Deutsches Jugendherbergswerk, Bismarckstr. 8, 32756 Detmold, Tel. 0 52 31/7 40 10, Fax 74 01 74, Internet: www.jugendherberge.de

Privatzimmer

Eine preiswerte Alternative zum Hotel sind Privatzimmer (*Affittacamere*), die in den Hotelverzeichnissen aufgeführt sind.

Vergnügungsparks

Ein dichtes Netz von Vergnügungsparks lockt Groß und Klein an der Adriaküste. Hier eine Auswahl:

Aquafan, Via Pistoia, Rimini, Tel. 05 41 60 30 50, Internet: www.aquafan.it. Juni – Sept. tgl. 10 – 18.30 Uhr. Größter Wasservergnügungspark Europas.

Acquario di Cattolica, Parco Le Navi, Piazzale delle Nazioni 1a, Cattolica, Tel. 05 41 95 11 14, Internet: www. lenavi.it, April-Okt. Multimedia-Seepark in einer futuristischen Anlage aus den 1930er-Jahren mit Haifisch- und Tropenfischbecken. Der Clou ist das Streichelbecken mit Rochen.

Delphinarium, Riccione, Tel. 05 41 60 17 12, Internet: www. delphinarium.it. März – Sept. tgl., Okt. nur Sa/So. Fünf Delphine vollführen Kunststücke.

Fiabilandia, Rimini, Tel. 05 41 37 20 64, Internet: www.fiabilandia.it. Ostern – Okt. tgl. 10 – 19, im Sommer bis 24 Uhr. Märchenstunde und Sciencefiction.

Italia in Miniatura, Viserba, Rimini, Tel. 05 41 73 20 04, Internet: www. italiainminiatura.com. Ende Juni – Anfang Sept. tgl. 9 – 24 Uhr. Mit großer Detailtreue sind hier die architektonischen und landschaftlichen Sehenswürdigkeiten Italiens wiedergegeben.

Mirabilandia, Savio bei Ravenna, Tel. 05 44 56 11 11, Internet: www. mirabilandia.it. April – Mitte Sept. tgl. 10 – 18/22/24 Uhr. Abenteuerpark mit dem größten Riesenrad der Welt und dem 26 m hohen ›Niagara-Wasserfall‹.

Verkehrsmittel im Land

Bahn

Mit der Bahn lassen sich die wichtigsten Orte der Emilia Romagna erreichen. Die Hauptstrecke verläuft quer durch die Region, von Mailand über Piacenza – Parma – Reggio Emilia – Modena – Bologna – Forlì bis nach Rimini. Infos bei:

Trenitalia, Tel. 8 48 88 80 88 (nur in Italien), Internet: www.trenitalia.com

Bus

Ein dichtes Autobusnetz vor allem längs der Küste verbindet die großen Städte mit allen wichtigen Orten im Hinterland. Fahrkarten (*Biglietti*) sind in Kiosken, Geschäften oder im Bus selbst erhältlich.

Mietwagen

In allen größeren Städten und Orten kann man Autos mieten. Für Mitglieder bietet die **ADAC Autovermietung GmbH** günstige Konditionen. Buchungen über die ADAC-Geschäftsstellen oder unter Tel. 0 18 05/31 81 81 (0,12 €/Min.).

Sprachführer

Das Wichtigste in Kürze

Ja / Nein	Sì / No
Bitte / Danke	Per favore / Grazie
In Ordnung. /	Va bene. /
Einverstanden.	D'accordo.
Sehr gut!	Molto bene!
Entschuldigung!	Scusi!
Wie bitte?	Come dice?
Ich verstehe Sie nicht.	Non La capisco.
Ich spreche nur	Parlo solo un po'
wenig Italienisch.	d'italiano.
Können Sie mir	Mi può aiutare,
bitte helfen?	per favore?
Das gefällt mir (nicht).	(Non) Mi piace.
Ich möchte …	Vorrei …
Haben Sie …?	Ha …?
Wie viel kostet …? /	Quanto costa …?
Wie teuer ist …?	
Kann ich mit Kredit-	Posso pagare con
karte bezahlen?	la carta di credito?
Wie viel Uhr ist es?	Che ore sono? /
	Che ora è?
Guten Morgen! /	Buon giorno!
Guten Tag!	
Guten Abend!	Buona sera!
Gute Nacht!	Buona notte!
Hallo! / Grüß Dich!	Ciao!

Wie ist Ihr Name,	Come si chiama,
bitte?	per favore?
Mein Name ist …	Mi chiamo …
Wie geht es Ihnen?	Come sta?
Auf Wiedersehen!	Arrivederci!
Tschüs!	Ciao!
Bis bald!	A presto!
Bis morgen!	A domani!
gestern / heute / morgen	ieri / oggi / domani
am Vormittag /	la mattina /
am Nachmittag	al pomeriggio
am Abend / in der Nacht	la sera / la notte
um 1 Uhr / um 2 Uhr …	all' una / alle due …
um Viertel vor	alle … meno un quarto
(nach) …	(e un quarto)
um … Uhr 30	alle … e trenta
Minute(n) / Stunde(n)	minuto(-i) / ora(-e)
Tag(e) / Woche(n)	giorno(-i) / settimana(-e)
Monat(e) / Jahr(e)	mese(-i) / anno(-i)

Wochentage

Montag	lunedì
Dienstag	martedì
Mittwoch	mercoledì
Donnerstag	giovedì
Freitag	venerdì
Samstag	sabato
Sonntag	domenica

Monate

Januar	gennaio
Februar	febbraio
März	marzo
April	aprile
Mai	maggio
Juni	giugno
Juli	luglio
August	agosto
September	settembre
Oktober	ottobre
November	novembre
Dezember	dicembre

Maße

Kilometer	chilometro(-i)
Meter	metro(-i)
Zentimeter	centimetro(-i)
Kilogramm	chilo(-i)
Pfund	mezzo chilo
100 Gramm	etto(-i)
Liter	litro(-i)

Zahlen

0	zero	19	diciannove	
1	uno	20	venti	
2	due	21	ventuno	
3	tre	22	ventidue	
4	quattro	30	trenta	
5	cinque	40	quaranta	
6	sei	50	cinquanta	
7	sette	60	sessanta	
8	otto	70	settanta	
9	nove	80	ottanta	
10	dieci	90	novanta	
11	undici	100	cento	
12	dodici	200	duecento	
13	tredici	1000	mille	
14	quattordici	2000	duemila	
15	quindici	10 000	diecimila	
16	sedici	100 000	centomila	
17	diciassette	1/2	mezzo	
18	diciotto	1/4	un quarto	

Unterwegs

Nord /Süd / West / Ost	*nord / sud / ovest / est*
oben / unten	*sopra / sotto*
geöffnet / geschlossen	*aperto / chiuso*
geradeaus / links /	*diritto / sinistra /*
rechts / zurück	*destra / indietro*
nah / weit	*vicino / lontano*
Wie weit ist es bis …?	*A che distanza si trova …?*
Wo sind die Toiletten?	*Dove sono le toilette?*
Wo ist die (der)	*Dove si trova nelle*
nächste …	*vicinanze …*
Telefonzelle /	*una cabina telefonica/*
Bank /	*una banca /*
Geldautomat /	*un bancomat /*
Post /	*la posta /*
Polizei?	*la polizia?*
Bitte, wo ist …	*Scusi, dov'è …*
der Busbahnhof /	*la stazione autolinee/*
der Hauptbahnhof /	*la stazione centrale /*
der Fährhafen /	*la stazione marittima/*
der Flughafen?	*l'aeroporto?*
Wo finde ich …	*Dove si trova …*
eine Bäckerei /	*un panificio /*
Fotoartikel /	*gli articoli fotografici /*
ein Kaufhaus /	*un grande magazzino /*
ein Lebensmittel-	*un negozio*
geschäft /	*di alimentari /*
den Markt?	*il mercato?*
Ist das der Weg /	*È questa la*
die Straße nach …?	*strada per …?*
Ich möchte mit …	*Vorrei andare …*
dem Bus /	*con l'autobus /*
dem Zug /	*con il treno /*
dem Schiff /	*con la nave /*
der Fähre /	*con il traghetto /*
dem Flugzeug	*con l'aereo*
nach … fahren.	*a …*
Gilt dieser Preis für	*È la tariffa di*
Hin- und Rückfahrt?	*andata e ritorno?*
Wie lange gilt das	*Fino a quando è*
Ticket?	*valido il biglietto?*
Wo ist das Fremden-	*Dov'è l'ufficio per*
verkehrsamt /	*il turismo /*
ein Reisebüro?	*un'agenzia viaggi?*
Ich suche eine	*Cerco un*
Hotelunterkunft.	*albergo.*
Wo kann ich mein	*Dove posso deposi-*
Gepäck lassen?	*tare i miei bagagli?*
Ich habe meinen	*Ho perso la mia*
Koffer verloren.	*valigia.*
Ich möchte eine	*Vorrei fare una*
Anzeige erstatten.	*denuncia.*

Man hat mir …	*Mi hanno rubato …*
Geld /	*i soldi /*
die Tasche /	*la borsa /*
die Papiere /	*i documenti /*
die Schlüssel /	*le chiavi /*
den Fotoapparat /	*la macchina foto- grafica /*
den Koffer /	*la valigia /*
das Auto /	*la macchina /*
das Fahrrad gestohlen.	*la bicicletta.*

Freizeit

Ich möchte ein …	*Vorrei noleggiare …*
Fahrrad /	*una bicicletta /*
Mountainbike /	*un mountain bike /*
Motorrad /	*una moto /*
Surfbrett /	*una tavola da surf /*
Boot /	*una barca /*
Pferd mieten.	*un cavallo.*
Gibt es ein(en) …	*Dove si trova nelle vicinanze …*
Freizeitpark /	*un parco di divertimento /*
Freibad /	*una piscina pubblica/*
Golfplatz /	*un campo di golf /*
Strand in der Nähe?	*una spiaggia?*
Wann hat …	*Quando è aperto*
geöffnet?	*(aperta) …?*

Bank, Post, Telefon

Brauchen Sie meinen	*Volete i miei*
Ausweis?	*documenti?*
Wo soll ich	*Dove devo*
unterschreiben?	*firmare?*
Ich möchte eine Telefon-	*Vorrei un collegamen-*
verbindung nach …	*to telefonico con …*

Hinweise zur Aussprache

c, cc	vor ›e‹ und ›i‹ wie ›tsch‹, Bsp.: **ci**ao; sonst wie ›k‹, Bsp.: **c**ome
ch, cch	wie ›k‹, Bsp.: **ch**e, **chi**lo
g, gg	vor ›e‹ und ›i‹ wie ›dsch‹, Bsp.: **g**ente; sonst wie ›g‹, Bsp.: **g**ola
gli	wie ›**Li**lie‹, Bsp.: fi**gli**o
gn	wie ›Co**gn**ac‹, Bsp.: ba**gn**o
sc	vor ›e‹ und ›i‹ wie ›sch‹, Bsp.: **sci**opero; sonst wie ›sk‹, Bsp.: **sc**ala
sch	wie ›sk‹, Bsp.: I**sch**ia
sci	vor ›a,o,u‹ wie ›sch‹, Bsp.: la**sci**are
z	wie ›ds‹, Bsp.: **z**uppa

Wie lautet die Vorwahl für …?	*Qual è il prefisso per …?*
Wo gibt es … Telefonkarten /	*Dove trovo … le schede telefoniche /*
Briefmarken?	*i francobolli?*

Tankstelle

Wo ist die nächste Tankstelle?	*Dov'è la stazione di servizio più vicina?*
Ich möchte … Liter … Super / Diesel / bleifrei.	*Vorrei … litri … di super / di diesel / senza piombo.*
Volltanken, bitte.	*Faccia il pieno, per favore.*
Bitte prüfen Sie … den Reifendruck /	*Verifichi per favore … la pressione delle ruote /*
den Ölstand /	*il livello dell'olio /*
den Wasserstand /	*il livello dell'acqua /*
das Wasser für die Scheibenwischanlage /	*l'acqua per il tergicristallo /*
die Batterie.	*la batteria.*
Würden Sie bitte … den Ölwechsel vornehmen /	*Per favore, mi può … cambiare l'olio /*
den Radwechsel vornehmen /	*cambiare la ruota /*
die Sicherung austauschen /	*sostituire il fusibile /*
die Zündkerzen erneuern /	*sostituire le candele /*
die Zündung nachstellen.	*regolare l'accensione.*

Panne

Ich habe eine Panne.	*Ho un guasto.*
Der Motor startet nicht.	*La macchina non parte.*
Ich habe die Schlüssel im Wagen gelassen.	*Ho le chiavi in macchina.*
Ich habe kein Benzin / Diesel.	*Non ho più benzina / diesel.*
Gibt es hier in der Nähe eine Werkstatt?	*C'è un'officina qui vicino?*
Können Sie mein Auto abschleppen?	*Può effettuare il traino?*
Können Sie mir einen Abschleppwagen schicken?	*Mi potrebbe mandare un carro attrezzi?*
Können Sie den Wagen reparieren?	*Può riparare la mia macchina?*
Bis wann?	*Quando sarà pronta?*

Mietwagen

Ich möchte ein Auto mieten.	*Vorrei noleggiare una macchina.*
Was kostet die Miete …	*Quanto costa il noleggio …*
pro Tag /	*al giorno /*
pro Woche /	*alla settimana /*
mit unbegrenzter km-Zahl /	*senza limite di chilometraggio /*
mit Kaskoversicherung /	*con assicurazione ›kasko‹ /*
mit Kaution?	*con cauzione?*
Wo kann ich den Wagen zurückgeben?	*Dove posso restituire la macchina?*

Unfall

Hilfe!	*Aiuto!*
Achtung! / Vorsicht!	*Attenzione!*
Rufen Sie bitte schnell …	*Per favore, chiami subito …*
einen Krankenwagen /	*un'ambulanza /*
die Polizei /	*la polizia /*
die Feuerwehr.	*i vigili del fuoco.*
Es war (nicht) meine Schuld.	*(Non) È stata colpa mia.*
Geben Sie mir bitte Ihren Namen und Ihre Adresse.	*Mi dia il suo nome ed indirizzo, per favore.*
Ich brauche die Angaben zu Ihrer Autoversicherung.	*Mi dia i particolari della sua assicurazione auto.*

Krankheit

Können Sie mir einen guten Deutsch sprechenden Arzt / Zahnarzt empfehlen?	*Mi può consigliare un bravo medico / dentista che parla il tedesco?*
Wann hat er Sprechstunde?	*Qual è l'orario delle visite?*
Wo ist die nächste Apotheke?	*Dove si trova la farmacia più vicina?*
Ich brauche ein Mittel gegen …	*Vorrei qualcosa contro …*
Durchfall /	*la diarrea /*
Halsschmerzen /	*mal di gola /*
Fieber /	*la febbre /*
Insektenstiche /	*le punture d'insetti /*
Kopfschmerzen /	*mal di testa /*
Verstopfung /	*la costipazione /*
Zahnschmerzen.	*mal di denti.*

Im Hotel

Können Sie mir bitte ein Hotel / eine Pension empfehlen?	*Potrebbe consigliarmi un albergo / una pensione, per favore?*

Ich habe bei Ihnen ein Zimmer reserviert.	*Ho prenotato una camera.*
Haben Sie ein Einzelzimmer / ein Doppelzimmer …	*Ha una camera singola / doppia …*
mit Dusche /	*con doccia /*
mit Bad /	*con bagno /*
für eine Nacht /	*per una notte /*
für eine Woche?	*per una settimana?*
Was kostet das Zimmer …	*Quanto costa una camera …*
mit Frühstück /	*con prima colazione /*
mit Halbpension /	*con mezza pensione /*
mit Vollpension?	*con pensione completa?*
Wie lange gibt es Frühstück?	*Fino a che ora viene servita la colazione?*
Ich möchte um … Uhr geweckt werden.	*Vorrei essere svegliato alle ore …*
Ich reise heute Abend / morgen früh ab.	*Vorrei partire questa sera / domani mattina.*
Haben Sie ein Faxgerät / einen Hotelsafe?	*Ha un fax / una cassetta di sicurezza?*
Kann ich mit Kreditkarte zahlen?	*Posso pagare con la carta di credito?*

Im Restaurant

Ich suche ein gutes / günstiges Restaurant?	*Cerco un buon ristorante / un ristorante non troppo caro.*
Die Speisekarte / Getränkekarte, bitte.	*Vorrei la carta / la lista delle bevande, per favore.*
Welches Gericht können Sie besonders empfehlen?	*Quale piatto mi può consigliare?*
Ich möchte das Tagesgericht / das Menü (zu …).	*Vorrei il piatto del giorno / il menù (da …).*
Ich möchte nur eine Kleinigkeit essen.	*Vorrei uno spuntino.*
Haben Sie … vegetarische Gerichte / offenen Wein / alkoholfreie Getränke?	*Ha dei … piatti vegetariani / vino della casa / analcolici?*
Könnne Sie mir bitte … ein Messer / eine Gabel / einen Löffel geben?	*Mi può portare … un coltello / una forchetta / un cucchiaio?*
Darf man rauchen?	*Si può fumare?*
Die Rechnung! / Bezahlen, bitte!	*Vorrei il conto, per favore!*

Essen und Trinken

Abendessen	*cena*
Apfel	*mela*
Aubergine	*melanzana*
Bier	*birra*
Brot / Brötchen	*pane / panino*
Butter	*burro*
Ei	*uova*
Erdbeeren	*fragole*
Espresso (mit Milch)	*caffè (macchiato)*
Essig	*aceto*
Feigen	*fichi*
Fisch	*pesce*
Fischsuppe	*brodetto*
Flasche	*bottiglia*
Fleisch	*carne*
Fruchtsaft	*succo di frutta*
gegrillt	*ai ferri / alla griglia*
Gemüse	*verdura*
Glas	*bicchiere*
Huhn	*pollo*
Kalbfleisch	*vitello*
Kalbshaxenscheibe	*ossobuco*
Kartoffeln	*patate*
Käse	*formaggio*
Knoblauch	*aglio*
Lamm	*agnello*
Maisbrei	*polenta*
Milchkaffee	*caffellatte*
Mineralwasser (mit / ohne Kohlensäure)	*acqua minerale (con / senza gas)*
Mittagessen	*pranzo*
Nachspeise	*dolce*
Obst	*frutta*
Öl	*olio*
Orange	*arancia*
Parmesankäse	*parmigiano*
Pfeffer	*pepe*
Pfirsich	*pesca*
Pilze	*funghi*
Salat	*insalata*
Salz	*sale*
Schafskäse	*ricotta*
Schinken	*prosciutto*
Schweinefleisch	*maiale*
Spinat	*spinaci*
Suppe	*minestra / zuppa*
Tee	*tè*
Tomaten	*pomodori*
Vorspeisen	*antipasti*
Wein, Weiß- / Rot- / Rosé-Wein	*vino bianco / rosso / rosato*
Weintrauben	*uva*
Zucker	*zucchero*

Register

Register

Bildnachweis

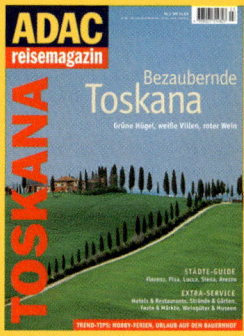

**In der ADAC-Reiseführer-Reihe
sind erschienen:**

Ägypten	Marokko
Algarve	Mauritius
Amsterdam	und Rodrigues
Andalusien	Mecklenburg-
Australien	Vorpommern
Bali und Lombok	Mexiko
Barcelona	München
Berlin	Neuengland
Bodensee	Neuseeland
Brandenburg	New York
Brasilien	Niederlande
Bretagne	Norwegen
Budapest	Oberbayern
Burgund	Österreich
Costa Brava und	Paris
Costa Daurada	Peloponnes
Côte d'Azur	Piemont, Lombardei,
Dalmatien	Valle d'Aosta
Dänemark	Portugal
Dominikanische Republik	Prag
Dresden	Provence
Elsass	Rhodos
Emilia Romagna	Rom
Florenz	Rügen, Hiddensee,
Florida	Stralsund
Französische	Salzburg
Atlantikküste	Sardinien
Fuerteventura	Schleswig-Holstein
Gardasee	Schottland
Golf von Neapel	Schwarzwald
Gran Canaria	Schweden
Hamburg	Schweiz
Hongkong und Macau	Sizilien
Ibiza und Formentera	Spanien
Irland	St. Petersburg
Israel	Südafrika
Istrien und Kvarner Golf	Südengland
Italienische Adria	Südtirol
Italienische Riviera	Teneriffa
Jamaika	Tessin
Kalifornien	Thailand
Kanada – Der Osten	Toskana
Kanada – Der Westen	Tunesien
Karibik	Türkei-Südküste
Kenia	Türkei-Westküste
Kreta	Umbrien
Kuba	Ungarn
Kykladen	USA-Südstaaten
Lanzarote	USA-Südwest
London	Venedig
Madeira	Venetien und Friaul
Mallorca	Wien
Malta	Zypern

Weitere Titel in Vorbereitung

Impressum

Umschlag-Vorderseite: Die Fontana del
Nettuno mit der kraftstrotzenden Statue des
Wassergottes Neptun beherrscht den gleich-
namigen Platz in Bologna
Foto: Bildagentur Huber, Garmisch-Parten-
kirchen (Giovanni)

Titelseite: Pilgerfahrt nach San Marino –
der Zwergstaat am Rande der Emilia
Romagna zieht in den Sommermonaten
scharenweise Besucher an
Foto: laif, Köln (Hedda Eid)

Abbildungen: siehe Bildnachweis S. 142

Lektorat und Bildredaktion:
Kirsten Winkler
Aktualisierung: Dagmar Walden-Awodu
Gestaltungskonzept, Satz und Layout:
Norbert Dinkel, München
Karten: Computerkartographie Carrle,
München
Reproduktion: Tausend Premedia GmbH,
München
Druck, Bindung: Ebner & Spiegel, Ulm

Printed in Germany

ISBN 3-87003-940-X

Gedruckt auf chlorfrei gebleichtem Papier

3., neu bearbeitete Auflage 2003
© ADAC Verlag GmbH, München
© des abgebildeten Werkes von Giovanni
Boldoni bei VG Bild-Kunst, Bonn 2003

Redaktion ADAC-Reiseführer:
ADAC Verlag GmbH, 81365 München,
E-Mail: verlag@adac.de